麦克法兰
现代思想家
丛书

by Alan Macfarlane

［英］艾伦·麦克法兰 著

Yukichi Fukuzawa and the Making of the Modern World

福泽谕吉与现代世界的诞生

周坚 译

深圳报业集团出版社

图书在版编目（CIP）数据

福泽谕吉与现代世界的诞生 /（英）艾伦·麦克法兰著；周坚译．-- 深圳：深圳报业集团出版社，2019.11
（麦克法兰现代思想家丛书）
ISBN 978-7-80709-906-2

Ⅰ．①福… Ⅱ．①艾… ②周… Ⅲ．①福泽谕吉（Fukuzawa Yukichi 1834-1901）—思想评论 Ⅳ．①B313.4

中国版本图书馆 CIP 数据核字（2019）第 220422 号

出版人、总策划：胡洪侠
特约策划：马　啸
策划编辑：高照亮　吴　琼
责任编辑：孔令军
执行编辑：谭祎波　何杏蔚
校　　对：杨　杰　程晓玲
书籍设计：XXL Studio

福泽谕吉与现代世界的诞生
FUZEYUJI YU XIANDAI SHIJIE DE DANSHENG
［英］艾伦·麦克法兰 / 著　周坚 / 译

深圳报业集团出版社出版发行
（518034　深圳市福田区商报路 2 号）
中华商务联合印刷（广东）有限公司印制　新华书店经销
版次：2019 年 11 月第 1 版　2019 年 11 月第 1 次印刷
开本：889mm×1194mm　1/32
字数：150 千字　印张：6.75
ISBN　978-7-80709-906-2
定价：68.00 元

中译本序

从 1996 年至今，我已经 17 次到访中国，目睹了整个国家在各个层面发生的巨变。后世的历史学家回顾人类文明发展进程的时候，会确证中国的改革开放是同英国的工业革命旗鼓相当的变革。

西方有一些伟大思想家在研究世界的现代性转型方面卓有贡献；为了探索东西方正面临的很多新情况，我的中国朋友们经常参阅他们的著作以寻求指引。“麦克法兰现代思想家丛书”正是我对这些伟大思想家研究的结晶，该书在中国的出版，也许会有助于中国读者在重塑其世界的进程中汲取灵感。

在整个学术生涯中，我一直致力于研究英国的个人主义、资本主义以及工业社会的本质和起源，并且就这些相关问题撰写了多部著作。对这类问题，我们可以从历史学和比较人类学的角度来研究，也可借鉴伟大的思想家曾经运用过的那些极具思想性、学术性的方法。站在这些巨人的肩膀上，我们能更深层次理解我们的过去，指导我们的现在，甚至是预测我们的未来。

因此，在 20 世纪 90 年代，我开始研究过去三百年来一些伟大的思想家，他们毕生致力于研究上述这些问题。我在两本长篇著作《现代世界之谜》（2000 年版）和《现代世界的诞生》（2001 年版）中发表了对其中五位思想家（孟德斯鸠、亚当·斯密、托克维尔、福泽谕吉、梅特兰）的详细研究。其篇幅又大，其内容也巨，令西方读者望而却步，更没有机会被翻译成中文。我遂决定再对几位思想家分而研究，并独立出书。又在最初五位思想家之外，新增了两卷内容：一部纵论经济学家和人口学家托马斯·马尔萨斯的思想贡献；另一部横跨数百年，盘点哲学家大卫·休谟以降四位重要思想家的学术理路。

在每本书中，我研究了这些思想家理解现代世界的诞生和发展的方式。他们的研究都超越了各自的时代和文化，找到了更深层次的规律和趋势，以及支配社会和文明发展的规律和模式。他们的个人生活与工作之间的关系我尤为感兴趣，这可以让我了解经验和工作方法怎样塑造了他们的理论贡献。因此，这些书不仅将他们放在当时的时代思想环境中进行横向研究，同时也把他们合在一起进行纵向研究，他们整体就像是在历史车轮中不断前行并通向我们现代社会的旅行者。

《孟德斯鸠与现代世界的诞生》孟德斯鸠（1689—1755）是许多社会科学领域的奠基人之一，具有广博的知识和对学术深沉的热爱与专注。1748 年，他的著作《论法的精神》出版。在此之前，他还写了其他著名的作品，包括 1721 年出版的《波斯人信札》。通过对他生活和著作以及不同著作之间联系的同步研究，我们深入孟德斯鸠的心灵。他是全球第一位能够利用世界各地的信息渠道来完成自己作品的伟大思想家。

《**亚当·斯密与现代世界的诞生**》亚当·斯密（1723—1790）是现代经济学的三位奠基人之一，其余两位是马尔萨斯和李嘉图。然而，他不仅仅是一个经济学家，对其他领域也颇有研究，是一个真正的多面手，还是哲学家大卫·休谟的密友。想要了解他，不仅要研究他著名的《国富论》（1776年版），还要看他的《道德情操论》（1759年版）、《法理学讲义》（1982年版）和《哲学随笔》（1982年版）。将生活和工作结合在一起研究，我们能看到这个人是如何果断地塑造了我们的现代世界，并且为当今世界的富庶绘制了蓝本。

《**托马斯·马尔萨斯与现代世界的诞生**》托马斯·马尔萨斯（1766—1834）是现代经济学的三位奠基人之一，其余两位是亚当·斯密和大卫·李嘉图。他也是现代人口学（人口研究）的创始人。马尔萨斯于1798年出版《人口论》，又在1803年再版时极大地扩展了内容，使之焕然如新，其间提出著名的“人口定律”，后来被修正为“人口趋势”。这本书不仅在经济学和社会科学的理论讨论中反响巨大，而且对19世纪初的立法实践和大英帝国的统治政策造成深刻影响。他的理论也是阿尔弗雷德·罗素·华莱士和查尔斯·罗伯特·达尔文之自然观念的关键理论来源。

《**托克维尔与现代世界的诞生**》亚历西斯·德·托克维尔（1805—1859）是有史以来最伟大的政治学家之一。他的《论美国的民主》（1835年版、1840年版）和《旧制度与大革命》（1856年版）都是经典之作。然而，他的作品理解起来并不容易，需要结合他的论文、信件、旅行日记和其他材料才能够很好地理解。通过对所有这一切的考察，我们可以看到，托克维尔比其他思想家都更了解个人主义、平等和博爱的深层根源，并在此过程中理解现代世界的起源。他对法国、英国和美国的“三重比较”更是独树一帜，发人深省。

《福泽谕吉与现代世界的诞生》福泽谕吉（1835—1901）可以说是过去三个世纪中日本最伟大的社会思想家。在《文明论概略》（1873 年版）和《福翁自传》（1899 年版）等许多书籍中，他概述了他的许多想法，包括提高妇女地位等。通过建立书店、大学、现代会计和现代制造，他成了现代日本的主要设计师之一，也因此他的形象长期出现在日本最高面额的钞票上。他通过在西方旅行和阅读西方哲学，发现了文明和现代的秘密，并向他的同胞们阐明了这一点。

《梅特兰与现代世界的诞生》费·梅特兰（1850—1906）有时只被认为是一位伟大的英国法律史学家。然而，他出版的三千多页论著[包括他与 F. 波洛克合著的《英国法律史》（1895 年版）、三卷本《论文集》（1911 年版）、《英国宪法史》（1919 年版）等]，向我们证明了他应与托克维尔等人享有同等地位，是有关现代世界诞生的影响最深远的思想家之一。梅特兰用精炼的散文，阐释了关于信托、公平、政府和英国普通法等伟大传统，解释了成功的民主与资本主义的经典体制是如何在英国和当时的美国建立起来的。

《现代世界建立的四种途径》（2018 年版）在 18 世纪以来影响艾伦·麦克法兰作品的数十位西方思想家中，他选出了四位代表。关于 18 世纪的启蒙运动，是哲学家和历史学家大卫·休谟。19 世纪有亨利·缅因爵士，他既是律师也是比较人类学家。在1920—1950年，有韦比里亚社会学家诺曼·雅各布斯，他对日本、中国和西方之间进行了比较。在20世纪下半叶，有身为哲学家、社会学家和人类学家的欧内斯特·盖尔纳。

我很高兴这套丛书能在中国的深圳出版。我曾多次到访深圳，它现在是一座美丽的城市，有很多的图书馆、研究机构和高科技企业以及超前的城市规划。我觉得深圳就是未来世界的样子：它是一座未来之城。

艾伦·麦克法兰

2019年9月，伦敦剑桥

致谢

和很多书一样，这本书也是集体劳动的成果。我要对在本书编著过程中帮助过我的人们表示感谢。感谢安德鲁·摩根（Andrew Morgan）和哈里·皮特（Harry Pitt），他们是我以前的老师，正是他们启发了我对启蒙运动最初的兴趣。感谢佩妮·郎（Penny Lang），对本书许多版本进行了文字录入、检查和注释。感谢艾丽斯·麦克法兰（Iris Macfarlane）对本书文字的多次审阅。约翰·戴维（John Davey）读了两遍打字稿，感谢他一贯给予我激励。塞西莉亚·斯卡拉·埃尔哈特（Cecilia Scurrah Ehrhart）对脚注进行了仔细检查。莉莉·哈里森·布雷克利（Lily Harrison Blakely）的出生给予我写作的灵感。此外，我还要感谢东京大学，特别是船曳建夫（Takeo Funabiki）教授，在他资助的一个假期中，我得以忙中抽闲重写了本书的部分内容。感谢玛丽莲·斯特雷森（Marilyn Strathern），感谢她的再次庇护使我免受行政压力，以及感谢她的英明领导。感谢彻丽·布莱恩特（Cherry

Bryant）对本书文字的多次审阅和校核。

最衷心的感谢，我要留在最后表达。感谢格里·马丁（Gerry Martin），多年来他一直是给予我支持和启发的源泉。他多次审阅了本书的文本，我们有过充分的讨论，本书的前几页就直接取自他自己的作品，从许多方面来说，这本书是与他合作的成果。我还要感谢希尔达·马丁（Hilda Martin）所给予的友谊、鼓励和支持。最后，要感谢萨拉·哈里森（Sarah Harrison），感谢她一如既往地以尽其所能给予我的巨大帮助，她对篇章结构的多次审阅使得本书精简了四分之一的冗余内容。这本书同样是与她合作的结晶。

引用、参考文献的说明

本丛书所用材料大部分来自其著述者本人。我试图让他们来讲述自己的思想，因而在书中大量引用其原著，这样做或者会影响到整体的写作风格，但我希望，著述者本人各种真实的思想能丰富论证的内容。

脚注引用使用缩略标题和页码，通常的注释格式是作者、短标题、卷数（如果引用的文献分卷，则以大写罗马数字表示卷数）和页码。作品的完整标题附于本书结尾部分，并附有脚注中使用的常用缩略语列表。

如果一个段落中有几处引文取自同一作者，则在最后一处引用时列明出处。

目录

福泽谕吉著作简录

《劝学篇》1872—1876（先后共发表 17 篇）

《文明论概略》1875

《旧藩情》1877（当时未出版）

《日本妇女论》[1] 1885

《福泽谕吉全集》[2] 1898

《福翁自传》1899

《福泽谕吉演说集：译文及批判性研究》[3] 1973

1　译注：本书所引用的是英文版。

2　译注：《福泽谕吉全集绪言》，作为全集的总览，提前一年单独出版。

3　译注：本书所引用的是英文版。

福泽谕吉

1 福泽谕吉其人

三个世纪以来，福泽谕吉（1835—1901）可能是日本最伟大的思想家，其杰出成就和影响力在当年为同辈人所认可，但现在除了研究日本的专家，他在海外鲜为人知。

爱德华·摩尔斯（Edward Morse）[1]曾写道："我受邀到著名的庆应义塾演说。我在日本所见的名士中，福泽谕吉先生是最具活力和智慧者之一。"[2]威廉·格里菲斯（William Griffis）[3]是另一个富有洞察力的到访者，他写道："福泽谕吉在19世纪50年代早期研习兰学[4]，继而成为首批越洋考察欧美的日本人之一，然后写出《西洋事情》，为百万闭塞的同胞所

1　译注：爱德华·摩尔斯（1838—1925），美国动物学家及东方学家，是日本明治时期最为睿智的外国到访者之一。

2　见爱德华·摩尔斯《日本逐日看》（*Japan Day by Day*）第二卷第205页。

3　译注：威廉·格里菲斯（1843—1928），美国东方学家。

4　译注：兰学是指从日本江户时代起经荷兰人传入日本的科技、文化的总称。

争相阅读，极大地影响了日本走向西方文明的进程。”[1] 他“与福泽谕吉相熟，同为明六社成员，顾名思义，该团体成立于明治六年（1873）”。[2] 他在书中叙述了福泽谕吉如何“作为一个西方文明的先锋和拥护者，一个著作发行量总共达到四百万本的大作家，被国人誉为‘日本文明最有力的推动者’；另外，巴兹尔·霍尔·张伯伦（Basil Hall Chamberlain）[3] 教授把福泽谕吉誉为‘日本政府半数中下层年轻公务员的智慧之父。’”[4]

如张伯伦所写：“在我们这个时代，已显露新的曙光，福泽谕吉就是代表人物。他定居在东京三田，被称为‘三田圣人’。这位杰出人物所产生的影响是如此之广，以致在日本言必称福泽谕吉。”[5] 他将福泽谕吉比作本杰明·富兰克林（Benjamin Franklin）[6]，并说他“就像法国的百科全书编纂者，为全民的启蒙和社会变革而努力。”[7] 大约在同时，艾莉丝·马贝尔·贝肯（Alice Mabel Bacon）[8] 写道：“关于妇女问题的所

1 见威廉·格里菲斯《天皇之国》（*The Mikado's Empire*）第二卷《明治日本体验记》（Personal Experiences, Observations, and Studies In Japan. 1870—1875）第 660 页。

2 见威廉·格里菲斯《天皇之国》第二卷第 661 页。明六社为明治初期致力于启蒙的学术团体，并出版启蒙刊物《明六杂志》。

3 译注：巴兹尔·霍尔·张伯伦（1850—1935），英国日本研究专家，曾在日本东京帝国大学（现名东京大学）任教。

4 见威廉·格里菲斯《天皇之国》第二卷第 660 页。

5 见巴兹尔·霍尔·张伯伦《日本事物志》（*Things Japanese*）第 365 页。

6 译注：本杰明·富兰克林（1706—1790），美国政治家、科学家、外交家。

7 见巴兹尔·霍尔·张伯伦《日本事物志》第 366—367 页。

8 译注：艾莉丝·马贝尔·贝肯（1858—1918），美国妇女教育专家，曾任明治政府顾问。

福泽谕吉印章

有出版物中，在日本没有哪一种能比得上福泽谕吉先生近一两年著作中所表现出来的坦率和彻底，他是日本在这个启蒙时代所见的最具影响力的导师。”[1]

如最近日本学者平川祐弘所述，“鉴于日本人努力学习西方文明的种种，福泽谕吉寻求将之整合，并遵循使文明得以发挥作用的整体机制……简言之，他试图抓住的不只是技术，还有西方文明社会的各个方面。”[2]他出版了多部著作，“涵盖

1　见艾莉丝·马贝尔·贝肯《日本女性》(*Japanese Girls and Women*) 第307页。

2　见美国学者马里乌斯·B·詹森主编之《剑桥日本史第五卷：19世纪》(*Cambridge History of Japan, Volume 5: The Nineteenth Century*) 第七章《日本转向西方》(Japan's Turn to the West)，作者平川祐弘。

从哲学到女权各种不同的主题。”[1] 此外，他创立了庆应义塾大学，创办了一份全国性的报纸[2]，并向日本引介演说和辩论的艺术。

当然，他并非日本在19世纪下半叶唯一重要的思想家、作家和改革家。卡门·布莱克（Carmen Blacker）[3] 就记述过一些其他的“日本启蒙”思想家，他们曾与福泽谕吉共事，辩论时政[4]；威廉·G·比斯利（William G. Beasley）[5] 曾经考察过一些其他知名的日本人，他们远赴英美，带回了关于西方的见闻[6]；平川祐弘对所有改革家和思想家的成就进行了综述，以理解日本与西方如何能融合到一起[7]；其后更有新一代的著名作家和思想家，如大文豪森鸥外（1862—1922）等人[8]。但在百家争鸣中，福泽谕吉无疑最著名、最杰出，余者无出其右。1874—1875年发行的前43期《明六杂志》，其中探讨的许多

1　见讲谈社《日本百科全书》（插图版）第429页。

2　译注：指《时事新报》。

3　译注：卡门·布莱克（1924—2009），英国日本研究专家。

4　见卡门·布莱克《日本现代启蒙：福泽谕吉著作研究》（*The Japanese Enlightenment: A Study of the Writings of Fukuzawa Yukichi*）第四章之“新的学习”（The New Learning）。

5　译注：威廉·G·比斯利（1919—2006），英国日本研究专家。

6　见威廉·G·比斯利《遭遇野蛮人：日本人的欧美之旅》（*Japan Encounters the Barbarian: Japanese Travellers in America and Europe*）第四、五章。

7　见美国学者马里乌斯·B·詹森（Marius Berthus Jansen）主编之《剑桥日本史第五卷：19世纪》第七章《日本转向西方》，作者平川祐弘。

8　见英国学者理查德·宝宁（Richard Bowring）之《森鸥外与日本文化的现代化》（*Mori Ogai and the Modernization of Japanese Culture*）。

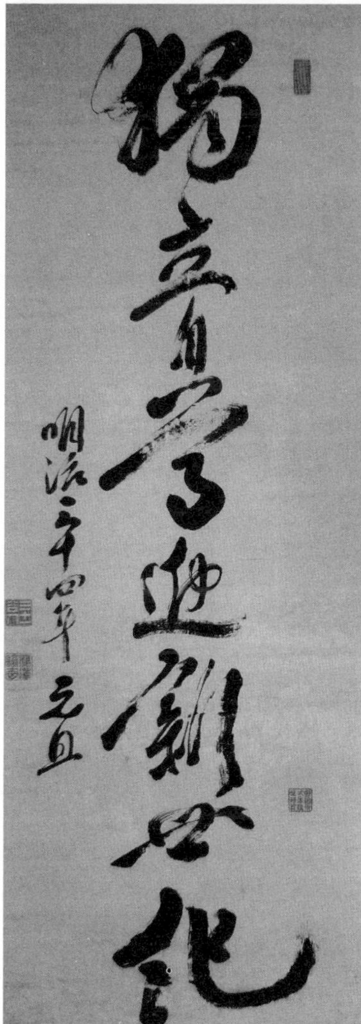

福泽谕吉墨迹

话题，均出自福泽谕吉[1]。像所有伟大的思想家一样，独善其身非福泽谕吉所愿，他投身于大时代，成了人所共识的最伟大者。既然他的许多观点曾引起广泛热议，就应研读其著述，若能如此，我们就能获得深切的认知。

为追求弗兰西斯·培根（Francis Bacon）[2]在《新亚特兰蒂斯》中所描写的乌托邦理想，福泽谕吉孜孜劝学、争辩和求证。他的影响是巨大的，我们现在读到他的著作，宛如通过一面透视镜，看到资本主义文明如何渗透到东亚，又反过来对世界造成一定的影响，留下了许多应该铭记的教训。当他在1901年去世时，其葬礼简单而隆重。《日本每周邮报》（*The Japan Weekly Mail*）写道："没有任何一种葬礼更能体现出这位伟大的哲学家朴素而奉献的一生。"[3] 1943年还在战争期间，他最杰出的继承者丸山真男在一篇关于福泽谕吉的文章中，开头有这样的评价："福泽谕吉是明治时代的思想家，但同时也是现代的思想家。"[4] 福泽谕吉成为与孟德斯鸠（Montesquieu）、亚当·斯密（Adam Smith）、托克维尔（Tocqueville）一样的

1 见美国历史学家威廉·R·布雷斯特德（William R. Braisted）《〈明六杂志〉译本：日本启蒙刊物》（*Meiroku Zasshi: Journal of the Japanese Enlightenment*）。

2 译注：弗兰西斯·培根（1561—1626），英国政治家、哲学家、科学家、法学家、散文家。

3 见卡门·布莱克《日本现代启蒙：福泽谕吉著作研究》第13页。

4 见美国学者罗伯特·E·华特（Robert E. Ward）主编之《日本现代化进程中的政治发展》（*Political Development in Modern Japan: Studies in the Modernization of Japan*）第四章《明治时代民族主义的哲学奠基人福泽谕吉》（Fukuzawa Yukichi: The Philosophical Foundations of Meiji Nationalism），作者美国历史学家艾尔伯特·M·克雷格（Albert M. Craig），第148页。

不朽人物。[1]

我对福泽谕吉的讨论，与我过往著作中对早期西方启蒙思想家的处理略有不同。将孟德斯鸠、亚当·斯密和托克维尔的成就联系起来，即可勾画出人类“挣脱”农耕文明发展惯性的大概脉络。后来我要写福泽谕吉，觉得这个人物与这种“挣脱”距离太过遥远，不见得对重新分析这种问题有所帮助，不像我们在论述梅特兰的时候那么有说服力。但另一方面，福泽谕吉为实践他们的理论作出了令人瞩目的尝试。

如果这三位欧洲启蒙先驱论述的模式可信并具解释力，那就会吸引福泽谕吉这样的思想家，因为他希望抓住农耕文明第一次转向工业文明的本质，从而能帮助自己所属的日本文明取得类似突破；如果他选择并认同了孟德斯鸠、亚当·斯密、托克维尔和梅特兰所指出的核心本质，那就证明他们的深刻见解具有跨文化的有效性。

现实世界是检验成功的严格标准。换言之，文明治世的良方有效吗？假如一个非欧洲人不但能重复运用核心理论，以解决现代世界如何源起的谜题，而且能将其应用于一个遥远的文明，并在完全不同的环境之下使得自己的文明同样得以“挣脱”农耕文明，那就能切实确认，这些核心理论是可用、有效的。

因此，梳理福泽谕吉的著述就更有意义了。尽管他成就

1　译注：孟德斯鸠（1689—1755），法国启蒙时期思想家；亚当·斯密（1723—1790），苏格兰哲学家和经济学家，著有《国富论》；托克维尔（1805—1859），法国政治社会学家、政治思想家及历史学家，著有《论美国的民主》。

卓越，举世瞩目，但只有一本关于日本启蒙时代思想家的英文书写到了他[1]。他对日本文明有如此巨大的影响，其著述简直就是一面观照西方思想和殖民扩张的绝妙镜子，但直到近年，除了一两篇文章外，还没有出版过关于这个伟大思想家的专著[2]。

1　见卡门·布莱克《日本现代启蒙：福泽谕吉著作研究》第 13 页。

2　译注：日本关于福泽谕吉的研究及著述都非常丰富，亦有英译本出版，这里应指西方学者的著作。

2 早年生活及经历

福泽谕吉1835年1月生于大阪，同年托克维尔《论美国的民主》（第一卷）出版。他在自传中写道："我父亲福泽百助是丰前中津藩奥平氏的士族，我母亲叫阿顺，是同藩士族桥本兵右卫门家的长女。"[1]影响他人生的大事之一，是"天保七年六月，父亲不幸病逝，遗下母亲与五个孩子。当时哥哥11岁，我虚岁3岁。如此一来，我们无法继续在大阪居住，只好返回中津藩地。"[2]因此，福泽谕吉"记不清生父的样貌，也没有保留他的画像。"[3]他确切所知的是，父亲博学多才，非常同情下层人民，而这两个特征，都是福泽谕吉力图具备的。

博学而富有教养的父亲在44岁时突然去世，对福泽谕吉产生了两方面的影响。一方面，他知道"父亲有大量藏书，超

1　见《福翁自传》第一章《童年・少年》第1段。

2　见《福翁自传》第一章《童年・少年》第1段。

3　见《福翁自传》第十四章《品行家风》之"子女幼时记事"。

过一千五百册，其中有不少珍本，比如……中国的《明律》。”[1] 他听说父亲曾表示要将他送去当和尚，这使他鼓起了学习的动力[2]。另一方面，他将接受标准的儒学教育，假如父亲活着的话，多半会被禁止。“没有钱，直到14岁才送他到学校去，比通常入学时间晚了差不多十年。”[3] 其后果就是，“首先，没有人让我在幼小的时候就去接受教育，没有正式练过字，直到今天我还不懂书法。长大以后，觉得自己如能临帖学习就好了，但其时我已步入洋学之门，而将儒学视为眼中钉。”[4] 他惋惜自己没有掌握艺术技能，“这是我人生的一大遗憾。照我们家的传统，父兄都是文人，尤其是我哥哥，能书善画，还会篆刻，真是多才多艺，可他弟弟在才艺方面如此无能，书画就不必谈了，我对古董、美术作品，也是不懂得欣赏的。”[5] 尽管如此，也不应太过臆测，认为福泽谕吉由于缺乏旧式正规教育，在某种程度上就设定了他最初的人生轨迹。

1 见《福翁自传》第三章《大阪修业》之“变卖家产还债四十两”。译注：按《福翁自传》日文原著，这里所说的《明律》为“明律《上谕条例》”，但均为错误记述。《明律》是明朝的法令，共三十卷；《上谕条例》则记录清朝乾隆皇帝的治世法令，共六十四卷。福泽百助因得《上谕条例》而给孩子命名“谕吉”，福泽谕吉回忆这套书有六七十卷之多。后来在中津旧藩士家中发现此套藏书，现藏于庆应义塾大学，共六十三册，唯缺一册。因此，《自传》中所说的“明律《上谕条例》”，实为《上谕条例》，而非《明律》。

2 见《福翁自传》第一章《童年・少年》之“父亲要我长大后当和尚”。

3 见西川俊作《福泽谕吉》。译注：西川俊作（1932—2010），日本经济学家，福泽谕吉研究者。

4 见《福翁自传》第十四章《品行家风》之“不懂风雅之由来”。

5 见《福翁自传》第十四章《品行家风》之“不懂风雅之由来”。

当福泽谕吉的母亲从大阪搬回偏僻的中津，她仍保持着对亡夫的鲜活记忆，尤其在此孤儿寡母的艰难之时。

父亲的遗风继续影响着家人。我们一母五子，不与他人往来，社交很少，兄弟姊妹早晚唯听母亲教诲，父亲虽死犹生。我们与当地人语言、服饰有别，自然成了异类。虽无言语表露，我们实自命清高，视中津人为庸俗之辈。[1]

回到家乡的福泽一家，生活习惯和衣着款式与众不同，与周围人群格格不入，在早期塑造了福泽谕吉个性上的几个关键特征，诚如他以下细致的描写——

其次，母亲虽生于中津，但久居大阪，已习惯大阪的风尚。孩子们的发型、服饰等等一切都按大阪的样式。因为我们穿的都是现成的衣服，当然和中津的样式不同。除了服装、语言使我们显得格格不入外，并没有什么其他原因。不过小孩子总觉害羞，自然就躲在家里，尽是和自己兄弟一块儿玩耍。[2]

这种与环境的格格不入使福泽谕吉的母亲具备了与众不同的能力，很显然，她不是一个普通的女人，而福泽谕吉许多终生关注的问题，包括妇女的社会地位，均源于母亲的品格和态度。他回忆说："母亲也喜欢做一些很古怪的事，好像与一般

1　见《福翁自传》第一章《童年·少年》之"儒教主义的教育"。

2　见《福翁自传》第一章《童年·少年》之"五个孩子无法适应中津风土"。

人有些不同……母亲对于宗教似乎不像邻近的一般老年妇女那样虔诚，例如我们家是信奉真宗的，但她并不常去听讲佛法。”[1] 同等重要的是她平等待人的态度，与她已故的丈夫是一样的。

> 她喜欢与下层社会的人物来往，农民、商人就不用提了，就是和乞丐、贱民（屠夫和皮革匠）也很坦然接近，对他们既不蔑视，也不厌恶，说起话来是非常尊重他们的……总之，她心地善良……有这么一件事……大概是母亲的一种乐趣吧，可我却觉得脏得要命，现在想起来仍感恶心。[2]

福泽谕吉声称，他从小就学会了对下层阶级的尊重，“由此看来，人人待之以礼，绝不是我天生就有，而是受了父母的影响。所以我在中津的时候，虽然遭到上等士族的蔑视，可是我对比我身份低的武士，以及对商人、农民也丝毫没有要过蛮横。”[3] 这样，他度过了快乐但有些孤独的童年，除了兄弟姊妹，就没有和其他人玩耍了。“我至今还记得，小时在家中能说会道，到处乱跑乱跳，非常活泼，可就是不擅长爬树，也不会游泳，这恐怕是由于不能与同藩子弟玩在一起而经常处于孤立的缘故。”[4]

1 见《福翁自传》第一章《童年・少年》之“帮乞丐捉虱子”。译注：真宗即“净土真宗”，为日本佛教的主要宗派之一。

2 见《福翁自传》第一章《童年・少年》之“帮乞丐捉虱子”。

3 见《福翁自传》第十章《王政维新》之“父母的遗传”。

4 见《福翁自传》第一章《童年・少年》之“儒教主义的教育”。

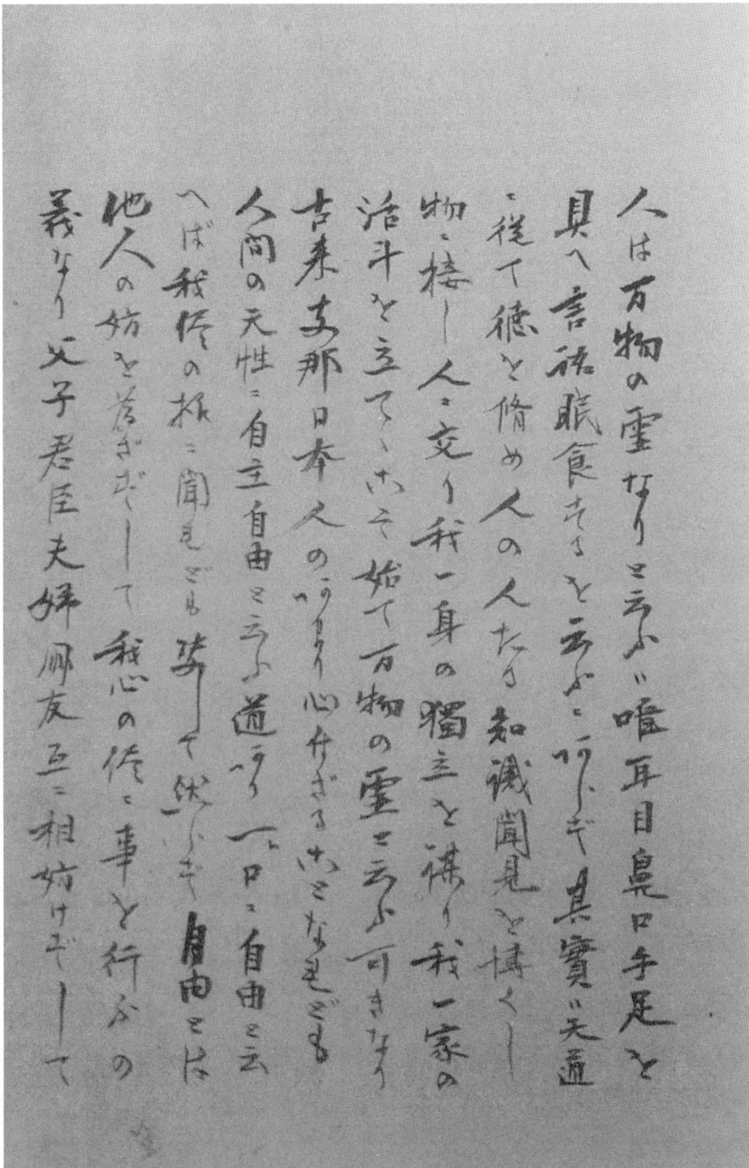
人は万物の霊なりと云ふハ唯耳目鼻口手足を具へ言語眠食するを云ふにあらず其實ハ天道に従て徳を脩め人の人たる知識聞見を博くし物に接し人に交り我一身の獨立を謀り我一家の活計を立てゝこそ始て万物の霊と云ふ可きなり古来支那日本人のあまり心付ざることなれども人間の天性に自主自由と云ふ道あり一口に自由と云へば我儘の様に聞ゆれども決して然らず自由とは他人の妨を為さずして我心の儘に事を行ふの義なり父子君臣夫婦朋友互に相妨げずして

福泽谕吉“中津留别之书”

在中津藩的生活

福泽谕吉随家返回中津藩，后来又设法逃离此地。只有当我们认清这个背景，才能理解他的许多所为。他曾生活在等级森严的社会中，1868年明治维新后，当他这个前幕府成员，发现崭露头角的新日本与西方的巨大差距时，震惊无比。他极力反抗的那种门阀制度，已在一场变革中被粉碎，如果少一些流血，其戏剧性的程度，不亚于1789年革命之后的法国。

他在《文明论概略》中，回忆了一段年轻时的亲身经历——

> 我生在幕府时代一个地位很低的世袭小藩臣的家庭，当时在藩中，每逢接触大臣士族，就受到蔑视，虽然是在童年时代但心里已经感到不平……偶尔离开藩地到别处旅行，如果遇到过路的公卿、幕府官吏或德川三家的家臣，在驿站里就把轿子给夺去；在渡口上被抢先渡过；有时不准同住在一家旅馆里，睡到深更半夜突然被赶出去。[1]

其后他写道："但是这种不平的真实心情，若非是和我一类的小藩臣，是体会不到的。至于那些大臣士族，恐怕直到今天也想象不到。"[2] 在颇有趣味的自传体文章《旧藩情》中，他讲述了藩中士族的日常细节，那时候，出身决定一切。

1 见《文明论概略》第十章《论我国之独立》。

2 见《文明论概略》第十章《论我国之独立》。

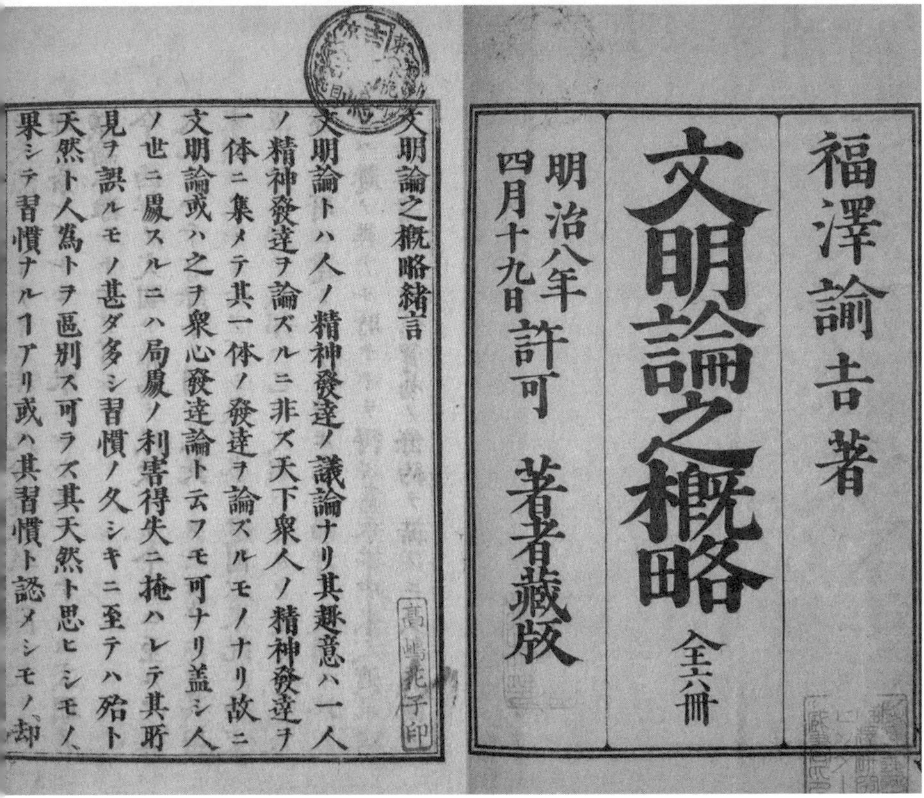
福澤諭吉著

文明論之概略 全六冊

明治八年四月十九日許可 著者藏版

文明論之概略緒言

文明論トハ人ノ精神發達ノ議論ナリ其趣意ハ一人ノ精神發達ヲ論ズルニ非ズ天下衆人ノ精神發達ヲ一体ニ集メテ其一体ノ發達ヲ論ズルモノナリ故ニ文明論或ハ之ヲ衆心發達論ト云フモ可ナリ蓋シ人ノ世ニ處スルニハ局處ノ利害得失ニ掩ハレテ其所見ヲ誤ルモノ甚ダ多シ習慣ノ久シキニ至テハ殆ト天然ト人為トヲ區別ス可ラズ其天然ト思ヒシモノ、果シテ習慣ナルヿアリ或ハ其習慣ト認メシモノ、却

福泽谕吉《文明论概略》书影

文章开始，就写到了藩中的士族结构——

旧中津奥平氏的士族之数，从最高级的家老到允许佩刀的最低级武士，约有 1500 人，他们的社会地位和职责有上百处细微差别，但可粗略分为上下两个阶级。上级士族称“给人”，包括家老、儒者、医师和小姓组，下级士族称“徒士”，包括祐笔 、中小姓、小役人以及足轻。上级士族约为下级士族的三分之一。[1]

福泽谕吉的父亲是那占三分之二的下级士族中的一员，“一个下级武士，无论功劳大小或才学高低，都不会晋升到上一级的武士中。”[2] 如此一来，“一个下级武士只能在他所在的阶级中向上爬，他要是渴望升上更高阶级，无异于一只走兽想做一只飞鸟。”[3] 在上下级武士之间，有一道绝对的藩篱，彼此是不能通婚的。“在给人和徒士之间，决不能联姻，通婚为藩中法律和风俗所禁止，即使通奸，双方通常也是同一阶级，男女来自不同阶级非法结合的情况非常罕见。”[4]

上下级士族不同的地位是与生俱来，由婚姻决定的，并且影响到生活的方方面面。最低级的武士是足轻，“在遇到上级士族时，必须俯伏于地，要是在雨中的路上相逢，就要把木屐

1 见福泽谕吉《旧藩情》。译注：家老是藩主最重要的家臣，小姓组负责保卫藩主，巡护领地，祐笔即文书，中小姓、小役人及足轻均为杂役。

2 见福泽谕吉《旧藩情》。

3 见福泽谕吉《旧藩情》。

4 见福泽谕吉《旧藩情》。

脱下，俯伏在路边。”[1]“上级士族骑马，下级士族徒步；上级士族有狩猎野猪和打鱼的特权，下级士族没有这些特权。有时下级士族甚至被拒绝到藩外游学，因为这被认为与他的身份不相符。”[2] 上级士族通常以衣着和随从来表明他们的身份，“他们出门就穿袴，腰间带着两把刀，不管夜间何时外出，必打灯笼，甚至在月明之夜也照打不误。”[3] 书面和口头的用语也反映出上下差别，“信封上的姓名、地址怎样写都有严格的区分，依据阶级的不同，所用的尊称就有所不同。上级士族在口头上，无论年龄大小，对下级士族都称‘你’，而下级士族对上级士族都称‘您’。”[4] 实际上，“除此之外，在言语上还有无数的其他区别……所以如果一个人隔墙听音，就可立即知道说话的人是上级还是下级士族，是商人还是农民。”[5]

上下阶级之间还有很多其他的不同，“在权利、宗族、收入、教育、家计以及风俗习惯方面，上下级士族差别很大，因此各自的荣辱标准和利益范围也各不相同。”[6] 同样，在下级士族与其他社会阶层如农民、工匠、商人和“秽多”[7] 之间也有很多区别。这种积怨自然留在了福泽谕吉的记忆中。“时势就是这样，一个人必须严格遵循与他地位相称的惯例，维持凡事固

1　见福泽谕吉《旧藩情》。

2　见福泽谕吉《旧藩情》。

3　见福泽谕吉《旧藩情》。译注：袴是日本和服的一种下裳。

4　见福泽谕吉《旧藩情》。

5　见福泽谕吉《旧藩情》。

6　见福泽谕吉《旧藩情》。

7　译注：秽多即贱民，大多从事屠宰和皮革行业。

定而不可变更的秩序。在此时势下，下级士族心中常有的质疑和愤怒，是不能直接表达的。”[1]

所有这一切，都是“封建集权制”的组成部分，到福泽谕吉出生时，日本已经两百多年没有战乱。其实，士族就是中层的军政公务员。因此，藩主获分封之实，领一国之地，有一定米俸，以发挥藩属的作用。理论上，士族无论上级下级，均被视为文武精英，自身远离世俗事务，比如经营、买卖、生产等等。然而在过去一段时间，由于下级士族生活艰难，他们实际上已不得不屈尊附就。福泽谕吉对他们的困境有过生动描述——

> 下级士族……所得薪俸共 15 石供养三人，或 13 石供养两人，或 10 石供养一人，以银两作薪俸者所得甚至更低。中级或以上士族所得净收入不会超过 7—10 石。这样的话，一个武士和他的妻子就不会过得太过艰难，但那些有四五个孩子或有老人的家庭，这样的收入是不够的，生活的必需品如食物和衣服应付不过来。[2]

这种状况迫使“下级士族必须保持收支平衡，因此精打细算，这是上级士族不可想象的。”[3]

唯一的做法，就是摒弃士族不动手劳作的规矩，这样的话——

1 见福泽谕吉《旧藩情》。

2 见福泽谕吉《旧藩情》。“石”为大米之计量单位，每人每年平均之大米食用量为一石。

3 见福泽谕吉《旧藩情》。

家中每个能工作的人，无论男女，都要做些零工，比如纺织等手艺活儿来竭力维持起码的生计。这些工作理论上只是副业，但实际上这些士族认为这是他们的正职，反而把他们在藩中的公务当作副业。因此他们已不是纯粹的士族，更准确地说，他们是某种工匠，整天被生计所折磨，再无时间去考虑子女的教育。如此这般，下级士族就不能精通文学和其他高级学问，自然而然在言行举止之间，就变得和卑微的工匠一样了 。[1]

这种情况越演越烈，福泽作了进一步的描述——

二三十年来，下级士族的副业已越做越多。开始时他们不过做些细木工活儿，比如做箱子和小茶几，或者做扎头发的纸绳。慢慢地，他们的工作就开始变得多种多样了。有人做木屐；有人做雨伞；有人糊纸灯笼；有人用板材做木器，再涂上漆以提高品质；有人能熟练制作木门和活动屏风，可以跟专业的木匠竞争。最近有人开始既做手艺又做买卖，他们会造船，把存货运到大阪；有人则自己坐船去游历 。[2]

他们因此耽搁了“正常的文武”修炼，“因为忙于搞副业几乎没有时间练武，除了四书五经，学问上也再无长进，最多读读《蒙求》或《左传》。”[3] 此外，他们也打破了士族不得接触

1　见福泽谕吉《旧藩情》。

2　见福泽谕吉《旧藩情》。

3　见福泽谕吉《旧藩情》。

金钱的禁忌，而且自己也要拿东西了。

事实上，出去买东西被认为低人一等，那是平民才做的事，手里拿着东西是不体面的。因此除钓鱼竿和佩刀外，上级士族手中再无其他物件，即使最小的包裹也不拿。下级士族雇不起仆人，除非他们恰好有个跟班，或者家中人多好帮手。他们没多少人会在白天到镇上买东西，通常晚上才外出，男女都一样 。[1]

福泽谕吉成长于这个充满矛盾的世界，他的家人也在相对的贫困之中挣扎着，我们在其自传中也可见一斑："我本是乡下士族出身，少年时吃的是麦饭，喝的是南瓜酱汤，穿的是土布短褂。"[2] 他回忆起"我们兄弟姐妹从小就尝尽了贫苦的滋味，母亲那种操劳的样子我们终生难忘。在贫小士族所面临的衣食住各方面的艰难困苦中，母亲的为人处世自然影响着我们。"[3] 事实上，他喜欢劳动自己的筋骨。

我生于贫苦人家，不管怎样也得干体力活，这已成为一种习惯，毕生都是如此。记得少年时代尽干一些粗重工作。到了冬天我手脚冻裂出血，就用棉线缝合伤口，滴上热油进行治疗 。[4]

1　见福泽谕吉《旧藩情》。

2　见《福翁自传》第十五章《老年余生》之"粗生粗养"。

3　见《福翁自传》第十三章《一身一家经济之由来》第 1 段。

4　见《福翁自传》第十五章《老年余生》之"身体运动"。

藩中没有自由与平等

福泽谕吉最杰出的贡献是致力于审察壁垒森严、等级分明的日本，思考如何才能作出改变，成为一个自由平等的社会。在这个过程中，他借由亲身经历，讲述了自己如何逃离旧世界，其他人又如何能以此为鉴。

藩中风俗，可以通过收养，将一个人安排在另外一个家庭之中，连带多了一大堆亲戚。无数妇女的包办婚姻当然在某一程度上也属于这种情形，但通常她们也属于原有家庭。在日本就更为极端些，被收养人被割断了联系，只能把新家当作他或她自己的家，福泽谕吉自己就做过叔父的养子；父亲过世后，他即尊长兄为父，因此又在长兄过世后，按礼制服丧五十日，并成为福泽家的户长[1]。“以前我还没有继承家业，外出无需申请，可以自由出入。这次不然，我已是一家之主，对藩主负有责任，必须提出申请才可以离开藩地。”[2]当然，自由的程度依赖于一个人在藩中的地位。就如中国古代所建立的儒家专制一样，年长男性相对更有权力，子弟及所有女性基本上没有个人权利，只能屈从藩主或一家之主。他对于这种个人从属于宗族群体、不能掌握自己命运的情形，自然很无奈。

在大多数西方文明中，尽管妇女婚后改姓，但一个人出生后就有的名字不会改。在日本，人的姓名与其地位相关，名字

1　见《福翁自传》第三章《大阪修业》之“兄长病故，难返大阪”。

2　见《福翁自传》第三章《大阪修业》之“修业申请”。

随角色的变更而变更。这种命名的情形反映了社会上没有“个人”这个概念，福泽谕吉写道：“……从这件事可以看出日本武人没有独立自主的精神，这就是关于人的姓名问题。本来人的名字都是父母给起的……”[1]姓名可以被父母随意改换，藩中也有赐予“偏讳”而准许冠姓的惯例。

独立自主精神缺失的极端表现，是日语中尽量避免使用人称代词。如福泽谕吉所记：“另一个需要说明的问题是，人称代词‘我’‘你’‘我们’在我的译文中经常使用；而实际上在大多数情况下，在原文中对应的词语通常省略。”[2]在这样的情况下，个人意见和权利以及独立思考往往被压抑。

除了不自由，还有不平等。福泽谕吉后来忆述，德川时代的日本就是一个等级森严的社会，人生而不平等。他写道：“我出生于一个小士族家庭，在封建时代，日本各藩制度偏于守旧，每个藩士的等级在出生时就已注定，上士就是上士，下士就是下士，这套牢固的秩序好像封在箱子里一样不会变动。因此，一个人若生在上等士族的人家里，因为父母是上等士族，所以儿子也成了上等士族，即使经过一百年，他的身份也不会改变。生在小士族家庭里的人，自然就经常受到上等士族的蔑视，且不辨贤愚，上士总是蔑视下士，我从少年时代就对这种风气感到愤愤不平。”[3]

这种不平等普遍渗透在人与人的关系中。

1 见《文明论概略》第九章《日本文明的来源》。

2 见《福泽谕吉演说集》（英文）第74页。

3 见《福翁自传》第十章《王政维新》之“维新之际本人的进退”。

只要有人际的关系的地方，就有权力的偏重，在政府方面，按照官吏的地位等级，偏重的情形最为严重。政府官吏在平民面前作威作福，看起来好像很有权力，但这些官吏在政府里，受上级的压迫，比平民受官吏的压迫还要厉害。[1]

这是一种天生不平等的制度，影响到人与人之间的每一种关系。“现在根据实际情况来谈谈偏重的问题。哪里有男女关系，哪里就有男女权力的偏重，哪里有父子的关系，哪里就有父子权力的偏重，在兄弟的关系上是这样，长幼的关系上也是这样。家庭间如此，社会上的情况也是如此。其他如师徒、主仆、贫富、新手老手、嫡系旁系等等，所有这一切上面都存在着权力的偏重。”[2]整个社会结构牢固不变，有如种姓制度，代代相传：“生在家老之家，即为家老，在足轻之家，即为足轻。世世代代，家老就是家老，足轻就是足轻，夹在其间者也同样如是，无论经历多少岁月也不会有丝毫变更。因此，以我父亲的想法来说，不论你怎么努力，终究无法功成名就”。[3]

所有这一切，与儒家伦理中的上下尊卑密切相关。“在中国和日本，人们把君臣之伦称为人的天性，认为人有君臣之伦，犹如夫妇、父子之伦，并且认为君臣之分是在前生注定的。就连孔子也没有摆脱这种迷惑。”[4]名分的贵贱深深体现在制度之

1　见《文明论概略》第九章《日本文明的来源》。

2　见《文明论概略》第九章《日本文明的来源》。

3　见《福翁自传》第一章《童年·少年》之“父亲要我长大后当和尚”。

4　见《文明论概略》第三章《论文明的涵义》。

中——

> 虽在兵荒马乱的时代，也不能打破这种人与人之间的规矩准则。例如一姓之中有大将，大将之下有家臣，其次有骑士，再次有步卒以至于杂役、童仆，上下的名分非常明确，其权利义务也随着名分而有所不同，没有一个不受压迫，也没有一个不压迫别人的。这就是既受别人压迫又压迫另外一些人，既屈从于此，而又骄矜于彼。[1]

福泽谕吉反抗这些与生俱来的不平等，拒绝对上谄媚对下傲慢，这一点源自他的父母。他认为自己“对身份低的人十分客气，这种态度不是我始创，而是得自父母的遗传。”[2]他举出了一个特别的例子来说明他父母的开明态度——“江州水口有一位有名的学者中村栗园，我父亲与他非常亲近，把他当作自己的亲兄弟一般看待。本来栗园的身份很低，他是丰前中津藩印染坊老板的儿子，即所谓商人的孩子。由于商人是四民之末，藩中士族没有一个人与他交往，可是我父亲却喜爱此人的人品，不问身份差别，对他非常关心，叫他寄居在大阪的货栈内，并且在各方面帮助他，使他终于成为水口的一位大儒。”[3]而更普遍的情形是，“农商以下被统治阶层的情况，他们和上层之间存在着明确的界限，恰如两个世界，人情风俗迥然不同。”[4]所有这一切都使福泽谕吉日益难受。提到早年间，他“对这个地

1　见《文明论概略》第九章《日本文明的来源》。

2　见《福翁自传》第十章《王政维新》之“父母的遗传”。

3　见《福翁自传》第十章《王政维新》之“父母的遗传”。

4　见《文明论概略》第九章《日本文明的来源》。

方始终心怀不满是有原因的，当时的中津藩，士族之间存在着极其严格的门阀制度，不只在藩内的公务方面，甚至在私交上，在孩子之间的关系上也有着上下贵贱的区别。”[1]到1868年，德川幕府被推翻，日本开始明治维新，他也厌倦透了这种上下关系，终于辞去幕府的职务，并拒绝在明治政府任职。

与福泽谕吉相同境况的年轻人不少，但只有他成为改变国家命运的人。有两个重要的因素成就了他，一个是他刚强果断的性格，另一个是对机会的把握。下面让我们先看看前者。

1　见《福翁自传》第一章《童年・少年》之“对门阀制度不满”。

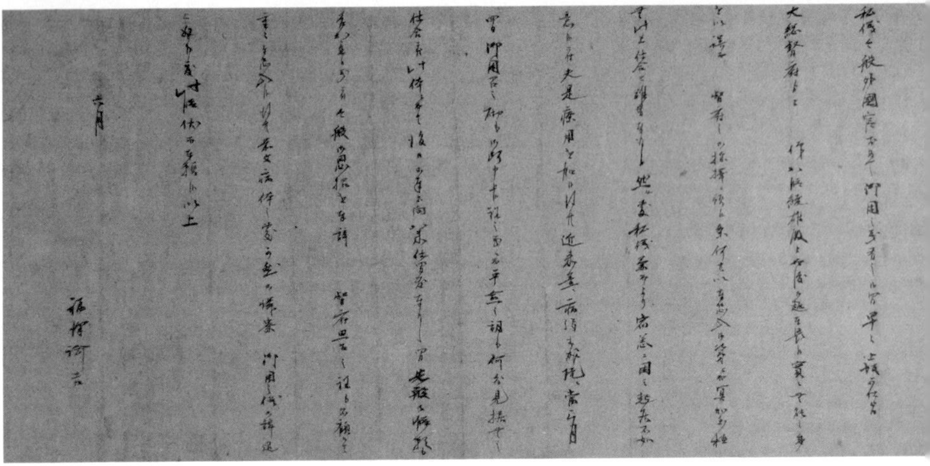

福泽谕吉墨迹

3 个性与品格

福泽谕吉早年贫寒武士的经历，在各方面培养了他的个性。舂米和劈柴是他不同寻常的锻炼方式，他在实际生活中也亲自动手做粗重活。他回忆道："后来渐渐长大，事情也随之多了起来，正因为我是贫寒士族出身，所以一切都要自己想各种办法动手解决。像钉木屐的带子或缝补竹皮草屐等等都由我来做。不但自己的，连母亲、哥哥、姐姐的鞋也由我修补，有时买来缝席的大针把席面拆换一下，或是割些竹篾打个桶箍。甚至要修理破门，修缮漏雨的房顶等等。"[1] 穷且益坚，福泽渝吉成了一个能干的多面手，一个日本的本杰明·富兰克林，为福泽谕吉后来学习西方科学技术作了很好的铺垫。"比如东西跌落井中，我就能想办法把它打捞上来；若是衣橱的锁打不开，我就会用钉子尖等经过种种周折，终于出色地把它打开。这样的感觉很有趣。又如裱糊纸门，我也在行。自己家里的纸门当然由

1　见《福翁自传》第一章《童年·少年》之"心灵手巧"。

福泽谕吉遗物　杵和臼

我来糊，有时甚至还被请到亲戚家里去帮忙。”[1]

他当初就知道，要学习的“知识”，不但包括书本上的，还包括怎样做事——不只是刀术和书法。他写道：“善于料理琐事是我的特长。在长崎的时候，我做过山本先生家的食客生，帮先生打理家事，无论大小都由我包揽下来，从未说过‘这不会做啦！那不想做！’”[2]他喜欢动手摆弄事物，“我从少年时代起，除读书以外，尽做一般的俗事，尽想一般的俗事。即便年纪大后，仍是喜爱做些手工活。往往就买些刨子、凿子之类的工具，制作或修理一些东西。”[3]这些经历使他明白，仅仅学懂是不够的，更关键在于学以致用。“为学不限于读书，这是人所共知的事情，实已无待赘言。学问的要诀，在于活用，不能活用的学问，便等于无学。”[4]

最重要的是，他逐步具备了一个宽广、务实、好奇和开放的心胸，以及敢于怀疑既定真理的精神，成为时代杰出人物，奠定“启蒙大师”的地位。我们从他对神灵的态度即可知一二。他成长于一个神道、佛教和民间迷信混合在一起的环境，有各种各样的律令和禁区。受他母亲凡事讲理的作风影响，再加上自己的好奇心，于是对这些东西产生了怀疑。他决定用实验来证明。这里有两个小故事值得讲讲。

他十二三岁时，不小心踩踏了有藩主大人名号的纸片，哥哥责骂他。尽管他道歉了，但心中愤怒难平——

1　见《福翁自传》第一章《童年・少年》之“心灵手巧”。

2　见《福翁自传》第二章《长崎游学》之“游学轶事”。

3　见《福翁自传》第一章《童年・少年》之“对制造锯锉感到吃惊”。

4　见《劝学篇》第十二篇《论提倡演说》。

我幼小的心灵极为不满，暗自想若像哥哥所说的那样，踩了写着藩主大人名字的纸片就有罪过，那么践踏写着神佛名字的神符将会怎样呢？于是我便在背人之处把神符乱踩了一阵，可是并没有怎么样。“啊！没有什么了不得的！这可真有意思，那么我再把它拿到厕所去踩踩。”想到这里，我进而拿到厕所又踩了一阵。踩的时候，我的确有点害怕，担心有什么报应，可是什么也没有。我自以为有了大发现：“你瞧！还是我想得对。哥哥竟多事，本来用不着发脾气讲那一套。”可是唯独这件事我不能告诉母亲，也不能对姐姐讲。[1]

他的怀疑再进一步，又做了一个实验，从此不再对神灵产生恐惧。

后来我又长大了一两岁，胆量也更大了，老年人常讲的天谴、神罚，我全然不信，于是就起了心思，想一窥稻荷神[2]的样子。我跑到养父中村家里的稻荷神社，想知道神龛中放了什么东西，打开一看，原来是块石头。我把那块石头扔掉，另捡起一块放了进去。我也到邻居下村家的稻荷神社去，打开神龛一看，里面供奉的神体是块木牌，我把这块木牌也扔掉了，并且装出若无其事的样子。没多久到了二月初五日，那一天人们竖旗敲鼓，敬奉神酒，热闹非凡，我暗自偷笑：“一群傻瓜！竟然对着我放的石头祭拜，太有趣了！”从小时候起，我既不怕神，又不敬佛，一切占卜念咒都不信。至于狐仙附体之类的事也一笑置之，认为是骗人

1　见《福翁自传》第一章《童年・少年》之“踩踏纸片和神符”。

2　译注：稻荷神是日本神话中稻谷、食物之神的总称，狐狸为其使者。

的把戏。我当时虽是个孩子，可精神方面不受约束。[1]

从那时起他就寻求对现世力量的解释，沿着孟德斯鸠、亚当·斯密和托克维尔曾经走过的路前行。

其结果就是他对一切事物都持怀疑的态度，以致后来要鼓吹从弗兰西斯·培根到卡尔·波普尔[2]都尊崇的理论——“试看现代西方许多学者之所以能够日新月异地创立学说，引导人们进入文明之域，其要领即在于大胆驳斥古人认为确定不易的学说，对社会上一般不容怀疑的习惯也加以怀疑、研究。”[3]他认为，对世界的好奇和怀疑，是开创现代科技的根源。“试看，今天西洋文明的发展情况，宇宙万物，凡五官所能感觉到的，都要研究它的性质，查明其作用，然后进一步探索其作用的根源，即使一利可取必取之，哪怕有一害亦必除之，凡事人力所及，莫不尽力而为之。太平洋的波涛虽险恶，利用水火制造的汽船可以横渡……”[4]他早年所处的时代，“东西洋在学术风尚上也有所不同，西洋各国以实验为主，而我们日本则向来崇拜孔孟理论。”[5]但他已“离经叛道”，越来越多地对世界提出挑战，无论是在社会层面还是在宇宙论层面。

但福泽谕吉的不可知论也有不足，例如他或多或少无法理解，宗教在西方文明中的本质及显著作用，而托克维尔就能够

1　见《福翁自传》第一章《童年·少年》之“稻荷神之真面目”。

2　译注：卡尔·波普尔（1902—1994），生于奥地利，逝于英国，著名哲学家。

3　见《劝学篇》第十五篇《论怀疑事物与决定取舍》。

4　见《文明论概略》第七章《论智德的时间性和空间性》。

5　见《文明论概略》第九章《日本文明的来源》。

从欧美的经验中，看到基督教作为一种社会黏合剂和一个意义系统所发挥的巨大作用。的确，托克维尔认为，无论他自己作何怀疑，以一种适度的方式鼓励宗教是应该的甚至是必要的。福泽谕吉在生命结束之际，谈到对未来的愿望，他写道："无论佛教也好，基督教也好，都可鼓励，以使民心安宁。"[1] 在以下陈述中，他的不可知论有更全面的表达——

> 不言而喻，保持社会的安稳需要宗教，任何宗教都可发挥这方面的作用。我缺乏宗教的本心，从不信教，自己不信教却劝人信教，因而受到谴责，但我的良心不允许我不信教却要披上其外衣。各种宗教如佛教、基督教等等，在我看来就像绿茶和红茶，无论喝哪一种，都没有太大区别。[2]

他注意到，"在西方国家，宗教的繁荣不但存在于修道院，而且存在于世俗社会中……这起到了凝聚人心、维系道德的作用。但我们日本的宗教，在全社会缺乏这样的效力——那只不过是庙里和尚讲经的事而已"。[3]

与卢梭（Jean-Jacques Rousseau）、休谟（David Hume）[4] 等人所见略同，福泽谕吉基本上视宗教为边缘社会可能的需要，但又认为其通常被强权用迷信荒谬的事情来维持。尽管理性主义使他理解东西方的差别时感到困难，但不可否认这是一个非

1　见《福翁自传》第十五章《老年余生》之"人的欲望无穷无尽"。

2　见巴兹尔·霍尔·张伯伦《日本事物志》第 408 页。

3　见艾尔伯特·克雷格《明治时代民族主义的哲学奠基人福泽谕吉》第 134 页。

4　译注：卢梭（1712—1778），启蒙时代法国思想家、哲学家、政治理论家；休谟（1711—1776），

常开明而又理性的观点，“宗教对东西方人民造成的结果悬殊如此，我们探究了很久，还不能找出其确切原因。”[1]

他对各种因果的探究正是我们对他持续关注的原因之一，我们最尊崇的，是他不屈不挠的好奇心和开阔的心胸。考虑到他自年轻时起就经受的压力，使他令人惊异地具有理性和独立的思维。在自传中，他说“新知的魅力令人难以抗拒”[2]。在他富有代表性的著作《劝学篇》中，他强调需要质疑精神。他向读者阐明“世界文明的进步，是人们钻研天地间的有形的物质和无形的人事两方面的动态而发现其真理所致。西方各国人民之所以能达到今天的文明，追溯其根源，可以说都是从怀疑出发。”[3] 该篇题目即《论怀疑事物与决定取舍》，论述了“轻信易受欺骗，怀疑可致真理”[4]。他通过家喻户晓的例子——也许是传闻——加以说明：“……瓦特（1736—1819）见壶水烧开产生蒸汽而怀疑，就发现了蒸汽的作用。可以说很多进步都是由怀疑而引发研究，才获知真理的。”[5]

从一个 19 世纪 30 年代成长于日本岛南部偏僻藩地的年轻人身上，我们还能了解到他的什么性格特征呢？他的孤独和内

1　见《劝学篇》第十五篇《论怀疑事物与决定取舍》。

2　译注：本句“*irresistible fascination of our new knowledge*”出自《福翁自传》英文版，文段对应原著第四章《绪方塾的学风》之“热心于工艺技术”，该节讲述福泽谕吉与同学们一起兴致勃勃地为追求新知不断尝试各种工艺技术，但其中并无此句。

3　见《劝学篇》第十五篇《论怀疑事物与决定取舍》。

4　见《劝学篇》第十五篇《论怀疑事物与决定取舍》。

5　见《劝学篇》第十五篇《论怀疑事物与决定取舍》。

心的力量。在他的自传中有一节题为《无莫逆之交》，有这样的描述——

> 我年轻的时候住在中津，从幼年一直到成年，始终不能同本藩人融洽地真心交往，所谓真正的朋友，能经常一起交心的莫逆之友一个也没有，不仅在社会上没有这样的朋友，即使在亲戚当中也没有一个。虽然如此，但这并不是说我的性情怪癖而不能与别人交往。但其实不然，我不论是同男人还是女人都能畅谈一气，可称得上能说会道，但仅限于表面。其实我并不想模仿别人，也并不羡慕别人，被人夸奖时也不高兴，被人说坏话时也不动怒，一切都不在乎。[1]

那并不是说他没有朋友，而是他保持着自己的独立判断。“我年轻时爱出风头，交游广阔，却从来不跟别人吵架。值得信赖的朋友不少，可在交往中仍不忘做最坏的打算。交情虽好，难说何时对方就变了心。”[2]

这种内敛、坚毅和自立，显然与他的武士道精神和自觉培养的禅宗意识有关。“有一次我读汉文书籍，读到‘喜怒不形于色’，恍然大悟，认为这是金玉良言！遂始终不忘，恪遵这一教诲。”[3] 于是他成了吉普林（Joseph Rudyard Kipling）短

1 见《福翁自传》第十四章《品行家风》之“无莫逆之交”。

2 见《福翁自传》第十五章《老年余生》之“凡事总做最坏打算”。

3 见《福翁自传》第一章《童年·少年》之“喜怒不形于色”。

诗《如果》中所说的楷模[1]，对他人之毁誉不放在心上。“于是，不论谁夸奖我，自己只是表面上适度回应，而内心决不为之沾沾自喜；即使受到什么轻视，也决不恼怒。不管发生什么事情，自己都没有动过怒。因此，我不曾和朋友吵嘴，也没同别人扭打或打过别人。不仅在少年时代如此，一直到今天已成老年，我的手一次也没有乘怒而侵犯过别人。”[2]

他总是做最坏打算。“关于我的居家处世之道，简言之就是一切事情都往最坏处着想，做好思想准备，万一出现情况也不会感到狼狈，也不觉得后悔。”[3]他既努力付出，也听从命运的安排，这不禁使人联想到马克斯·韦伯（Max Weber）工作至上的新教伦理[4]。“我不想借助他人的智慧，也不想受别人的指使，我相信行事在人，成事在天。该努力的地方加倍努力，并且为求种种方便，不带爱憎之念广开交际，或劝人，或商议，所有这些与普通人无异。但遇到不如意时，就不会进一步哀求别人，而是回来独自静静地打消念头。总而言之，我不想依赖别人的帮助。”[5]他全身心付出，但最终接受在很大程度上由客

1 译注：约瑟夫·鲁德亚德·吉普林（1865—1936），英国作家及诗人，1907年诺贝尔文学奖获得者。吉普林曾为其儿子作励志短诗《如果》，立意于克制、淡泊——这也是福泽谕吉的人生态度。

2 见《福翁自传》第一章《童年·少年》之“喜怒不形于色”。

3 见《福翁自传》第十五章《老年余生》之“凡事总做最坏打算”。

4 译注：马克斯·韦伯（1864—1920），德国社会学家，在他最知名的著作《新教伦理与资本主义精神》中，提出新教伦理的概念，强调努力工作是一个人的使命。

5 见《福翁自传》第十三章《一身一家经济之由来》之“不与他人谈私事”。

观力量所决定的结果。当他后来谈到为建立日本第一所私立大学——庆应义塾大学所作的努力时，他写道："我平生对塾务非常重视，既尽力又关心。但这种尽力和关心只是尘世间的虚浮假象罢了，这是我内心的真实感受。"[1]

福泽谕吉有两个特点或许值得注意。

其一是他工作极其努力，无论在体力上还是智力上。作为一个学生，他刻苦学习兰学，继而是英学[2]。他过着这样的学生生活："我读书不分昼夜，天黑了也不睡，只是不断地读。读累了，就趴在书桌上睡，或枕着壁龛边沿睡，一年当中，没有铺上褥垫、盖上被子、摆好枕头正经睡过觉。"[3]在他富于创造力的非凡人生中，他始终精力充沛，勤奋工作。

其二是他渴望保持独立，他拒绝参与任何政务，虽然本来这是很自然的事。正如他后来所写的："我为什么不愿做官？其实出于下面几点原因。首先，在政府决定采取文明开国的方针而大力改革国务的同时，官吏们却对国民虚张声势、作威作福，若说这种风气是行政上的威严，那自然也有一定的道理，但实际上并非如此，只不过是官吏们喜欢虚张声势、作威作福而已。"[4]但更重要的是他希望保持独立，"我将舍身度此一生，决不趋炎附势到政府任官。"[5]他认为自己具有独立的精神，"只

1 见《福翁自传》第十五章《老年余生》之"凡事总做最坏打算"。

2 译注：英学是指从日本江户时代起经英语国家传入日本的科技、文化的总称，与兰学并称"洋学"。

3 见《福翁自传》第四章《绪方塾的学风》之"塾生的学习"。

4 见《福翁自传》第十五章《老年余生》之"决不与作威作福者为伍"。

5 见《福翁自传》第十五章《老年余生》之"愿做独立的榜样"。

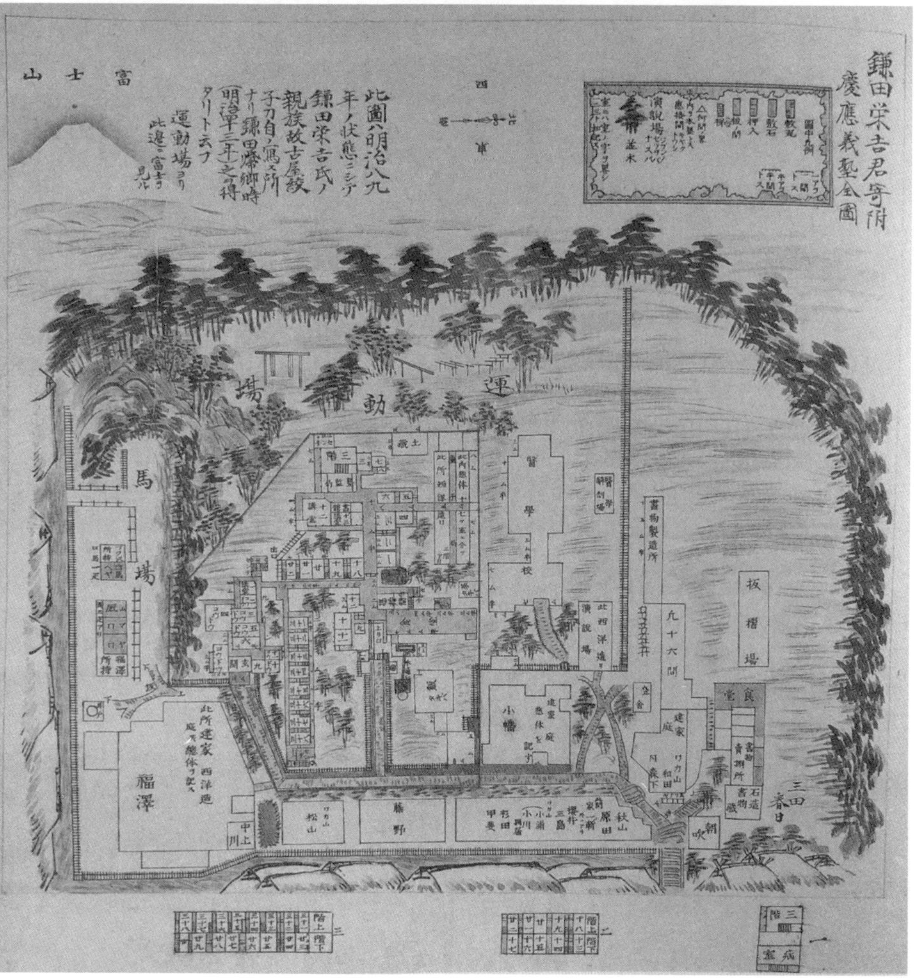

庆应义塾大学全图

要我不当官，就可以旁观那些蠢货的臭架子，并一笑置之。在日本当今的风潮下，若与这些官吏为伍，即便处在一个最好的地位，也必然会丑态毕露而落个虚张声势的臭名，这不合我的个性。”[1] 他认为自己是一个政治分析家，但非政客和官僚，“我只是个本身无利害关系的诊病医生，我并不企图占据政府的官位，利用手中的权力来医治天下。”[2] 这表明他并非缺乏意向，而是希望保持一定的距离。“话虽如此，其实我对政治并非一窍不通，我既嘴上谈论之，也用笔评论之，但仅此而已，自己并不想从事政务，就像诊病医生只管诊断病原而不负责治疗一样，而且事实上自己也没有治疗的能力。在‘政治临床治疗’方面我虽是外行，但有时作为‘诊病医生’来说也会有些作用。正因如此，如果社会上的人们看到我的‘政治诊断书’而推测我是一个真正开业的‘医生’，能够治病，或者认为我大概是在寻找病患者，那就大错特错了。”[3]

他害怕被金钱所困，因而受人支配。他后来回忆：“我有生以来，不曾向人借过钱。对我而言，这是寻常事，可在世人眼中，或许并不寻常。”[4] 在他的生命最后阶段，65 岁之际，他写道：“我自 21 岁离家以后就在外独立谋生，23 岁时家兄病故，后来就把老母和侄女接养在身边。28 岁娶妻生子，全家生活

1 见《福翁自传》第十五章《老年余生》之“决不与作威作福者为伍”。

2 见《福翁自传》第十五章《老年余生》之“一片言论能动天下人心”。

3 见《福翁自传》第十五章《老年余生》之“我只诊病，不作治疗”。

4 见《福翁自传》第十三章《一身一家经济之由来》之“如有本人借据，愿出百万回购”。

都由我一人负担。”[1]

无论多困难，福泽谕吉显然喜欢“背道而驰”。“事情不问大小，只有横冲直撞的人才能办到。但若侥幸做得顺利，一旦在社会上形成一种风气，那对我而言正好是如愿以偿，愉快无比了。”[2] 当他克服巨大困难学习荷兰语和英语时，当他作出巨大努力访问和记录美国及欧洲文明时，他发现了一个值得学习的新世界。在这里，个人自由理所当然地被视为人生的前提，而不是被视为自私和混乱。他热切地认为，他以及日本，只能走这条路。他在中津藩生活时就认为应该如此，就更广的范围而言，“一国之独立，来自国民之独立。如果举国上下自古以来的奴隶劣根性不除，那么国家无论如何也不能维持。”[3]

福泽谕吉工作中的大多数张力和兴趣源自他反抗的本性，他说他自己性格顽固，特立独行：“我自幼就不在乎别人的看法，生来就不介意周遭的事情。”[4] 他要“自力更生”[5]，“下了决心要独立自主，自食其力。”[6]

勤奋工作、财务和政治上的独立、按部就班、志向远大，使福泽谕吉听起来是一个枯燥的、没什么个性的人。事实上，他自己是知道的，于是在自传中着意给出这种印象：“表面上看，我是一个孤僻古怪的人，可事实绝非如此。我与人相交并

1　见《福翁自传》第十三章《一身一家经济之由来》之“不与他人谈私事”。

2　见《福翁自传》第十章《王政维新》之“学费之滥觞”。

3　见《福翁自传》第十五章《老年余生》之“愿做独立的榜样”。

4　见《福翁自传》第一章《童年・幼年》之“白天提着酒壶上街”。

5　见《福翁自传》第十三章《一身一家经济之由来》之“学按摩”。

6　见《福翁自传》第十三章《一身一家经济之由来》之“宁徒步，不坐轿”。

无爱憎，这是我的秉性，贵贱贫富、君子小人一律平等待之，遇到艺伎或是娼妓，也不会觉得有什么特别之处。”[1]他是不会和女性打情骂俏的。关于他，说了这么多，但还不够。

要完整“画”出福泽谕吉的“画像”，我们就要说说他的三个小缺点。首先是他某一程度上的心不在焉，这不禁使我们想起了亚当·斯密[2]。福泽谕吉说：“有一次妻子不在家，而我又因急事外出要换衣服，于是打开衣橱的抽屉，把放在最上面的衣服拿出来穿上就出门了。回家之后，妻子看我穿的是件里衣，把我笑话了好一阵。我这样不关心衣着也真有些过分，真是不值得一提。”[3]这说明他不在乎社会习俗——作为一个日本人多少有点反常。

其次是他对金钱的矛盾态度，但也不是什么大过。他一身清廉，但一涉及到藩中的财产，他又觉得没有必要遵守严格的道德守则：“按我上面所谈，仿佛我是一个清廉之士，其实不然。我这样一个清廉之士对于本藩曾有过不那么纯洁的卑劣行径。”[4]接着他举例说明自己对藩中共有财产持不同态度，他对此早有怨言。

不过从他的闲暇中，我们还是能看到他清教徒一般的生活中有纵情的一面。这并非说他好听日本音乐的悦耳之声，对此他是有所节制的，他写道：“其实我很喜欢音乐，不但让女儿、孙子学古琴和三弦，也叫让他们学舞蹈当做运动，以此作为我

1　见《福翁自传》第十四章《品行家风》之“向小和尚敬酒”。

2　译注：亚当·斯密除了他的经济学成就，也以其心不在焉著称。

3　见《福翁自传》第十四章《品行家风》之“不风流之由来”。

4　见《福翁自传》第十三章《一身一家经济之由来》之“辞退本藩米俸”。

老年余生的唯一乐趣。”[1] 他最大的缺点是好酒，但最终还是戒掉了。

在自传中他很快就提到：“首先谈谈我的恶习。我生来好酒，这是我最大的缺点。成年以后，自己也明知那是坏毛病，但已根深蒂固，不能自禁。对此我坦白直言，不敢隐瞒。公开讲出自己的恶习虽属自我贬损，但若隐瞒则不能成为可信的自传，因此我先大致讲一下自幼以来喝酒的历史吧！”[2] 到自传的最后，他又重提此话题，他写道——

> 说来惭愧，我有非常有害而且极为丢人的恶习，那就是从幼年时代起就嗜酒如命，而且酒量之大出乎寻常。世间一般所谓海量者，未必觉得酒好喝，有的人喝不喝都可以。而我不然，我是遇到酒好时就想多喝，而且好喝上等名酒，我对酒之好坏能一品即知，非常在行。前些年一桶酒卖七、八元的时候，好酒次酒相差五十钱左右，我用不着打听价钱，一尝味道便知好坏。上等好酒一饮而尽，遇上好菜也很能吃，继而大碗吃饭，直到酒足饭饱一点不剩，可以说是个饕餮 。[3]

在大约三十二岁时，他开始意识到酗酒难保长寿。他回忆起早年断然戒酒的经历，采用的是逐渐减量的方法：“这就像中国人戒鸦片烟一样，十分痛苦。首先，我把清早那顿酒戒掉了。过了不久，白天的也戒掉了，但是有客人来访时，我仍借

1　见《福翁自传》第十四章《品行家风》之“初看东京戏”。

2　见《福翁自传》第三章《大阪修业》之“学生生活及我的酒癖”。

3　见《福翁自传》第十五章《老年余生》之“养生之道”。

招待客人为名而喝上一通。后来渐渐能够克制，再有客来，只向客人进酒，自己一杯也不喝了。这样，好不容易才顺利地把早午两顿酒戒掉，只是晚上还喝一次，完全戒掉实不可能。”[1]他花了大约三年时间才完全把酒戒掉，但从这个故事以及其他事情中，我们可以看到他的坚毅和理性。

他对身体和情感的克制并不能说明他枯燥冷漠，相反，他的强烈情感一次又一次流露于文字当中，使我们看到一个心中充满愤怒、羞愧或赞赏之情的男人。例如，在描绘日本人的性习俗时他写道："对于一个男人，尤其对一个留过洋的男人而言，如此放纵的行为难以忍受。”[2]此外，日本妇女的地位，以及这种地位在西方人中的观感，都使他深深不安："对于我国国民的厚颜无耻，言辞难以形容我的震惊。”[3]他不是没有情感，而是他的情感更多地通过著述和实践来表达，正如他所指出的，“人类的身心就像一个铁水壶，不用来烧水，就会生锈。”[4]

1 见《福翁自传》第十五章《老年余生》之“终于戒酒”。

2 见《福泽谕吉论妇女》（英文）第85页。

3 见《福泽谕吉论妇女》（英文）第200页。

4 见《福泽谕吉论妇女》（英文）第134页。

福泽谕吉遗物　烟管

福泽谕吉遗物　烟草盆

4 游历日美欧

到了十四五岁，福泽谕吉在中津藩日渐失意，“因此，我尽盼望着自己一个人到外边去，不怕任何艰苦，不论到哪里，只要离开中津。后来终于有机会到长崎去了。”[1]是一件特别的事情使他坚定了离开的决心。福泽谕吉的哥哥写了一封信给家老而受到了对方斥责，原因是没有使用恰当的敬称。“我在旁边看了这情形，气得哭了。当时我一直想着：太无聊了！这种地方谁还能忍受得住？！无论如何，一定要离开中津。”[2]

日本即将迎来变革，社会遭受第一波冲击，其诸多影响之一，便是福泽谕吉有机会逃离中津。1854 年美国海军准将佩里率战舰来到日本，当时“即使是乡下，都知道美国军舰开到了江户。”[3]因此，“大家都在大谈炮术。”[4]要学习西方的炮术，

1　见《福翁自传》第一章《童年・少年》之“喜怒不形于色”。

2　见《福翁自传》第一章《童年・少年》之“因敬称不当而受申斥”。

3　见《福翁自传》第二章《长崎游学》第 1 段。

4　见《福翁自传》第二章《长崎游学》第 1 段。

就要读懂荷兰文。福泽谕吉愿意学习，于是在1854年到长崎学习这两门学问，那年他19岁。“我到长崎的真正原因，是极度讨厌中津这个乡下地方……我记得那天真是愉快呀！回过头来啐了一口，毫不眷恋，快步离开了中津。”[1]

他开始努力奋斗。“我的主要目的在于阅读外文原著，所以每当到西医或荷兰文译员的家里去时，都专心学习。虽是初次看到原著，但经过五十天、一百天，随着时间的推移，我逐渐读懂了原著的内容。”[2]后来由于藩中子弟的妒忌[3]，他再难寄居长崎，在次年（1855年）的2月份离开了。一个月后，他到大阪成为绪方洪庵的学生，绪方先生是当时日本最著名的兰学者之一。

福泽谕吉对于绪方门下的生活有着愉快而详细的记录。像许多同龄人一样，他迷上了西方科学技术，从他的描写中我们可见一二——

当时不像今天具有工业技术的基础。蒸汽机之类的机器在整个日本国内是看不到的，就连化学仪器好像也找不到全套。不用说全套，就是零散的也没有。尽管如此，我们对机械或化学方面的一般原理是明白一

1　见《福翁自传》第二章《长崎游学》第2段。

2　见《福翁自传》第二章《长崎游学》之“开始投身社会”。

3　见《福翁自传》第二章《长崎游学》之“开始投身社会”及“再难寄居长崎”。

些的，所以总想实地试验一下，费了不少苦心，参照原著绘图制作了一些类似的仪器。[1]

学习新科技可不是件容易的事。例如，电力方面就没有好的参考书。“我们在大阪已经知道电这种东西，但仅是荷兰学校的教科书上零零碎碎讲到的一些常识，更深一步的理论还不了解。”[2] 有一天，绪方先生从筑前藩藩主黑田公那里借来一本荷兰文原著，“书中尽是新的知识……这部新舶来的物理书是以英国科学家法拉第的电学为基础写成的，其中详细讲解了电池的构造，内容新颖，令人惊异，我一看就立即被吸引住了。”[3] 他和同学们马上抓紧时间，不分日夜，在归还之前把关于电的那一章抄写下来，“之后，绪方塾的电学知识焕然一新，我敢夸口，已达到了日本当时的最高水平。”[4]

福泽谕吉在1856—1860年间学习了西方基本的化学、物理知识，他逐渐厌恶汉学。“我们当时敌视中医，不仅讨厌中医，连儒家也很憎恶，要将汉学的影响一扫而空。”[5] 他后来解释，汉学的虚妄是新知和进步的障碍：“我之所以与汉学为敌，乃是因为我坚信，在今日开国之际，陈腐的汉学如果盘踞在少年的脑中，那么西洋文明就很难传入我国。”[6] 晚年，他在《福

1　见《福翁自传》第四章《绪方塾的学风》之“热心于工艺技术”。

2　见《福翁自传》第四章《绪方塾的学风》之“抄写黑田公的原著”。

3　见《福翁自传》第四章《绪方塾的学风》之“抄写黑田公的原著”。

4　见《福翁自传》第四章《绪方塾的学风》之“抄写黑田公的原著”。

5　见《福翁自传》第四章《绪方塾的学风》之“敌视汉学”。

6　见《福翁自传》第十章《王政维新》之“教育方针注重数理和独立”。

翁百话》中写道："我辈修西方文明之学问，并非将它折中以附会汉学，而是要把古来之学说从其根底颠覆过来，进而打开文明学之大门，即本愿乃试图以学问灭学问，毕生之心事唯系于此。"[1]

他专注于兰学，但前途不明，将来要做什么并不清楚，而国内攘夷的气氛却很浓。绪方塾的其他同学都一样，"当时绪方塾的学生十之七八都是无目的埋头苦学的学生。但这种无目的的学习却很幸运，竟因而比江户的学生学得好。"[2]

1858 年 10 月，藩中征调福泽谕吉到江户（今东京）协助开办兰学塾，于是他到那里教书。1859 年，他到刚刚开埠的横滨观光，却不免受了意外的挫折，因为他发现，"这几年我拼命地研读荷兰文书籍，结果学了不管用，连商店的招牌都看不懂，茫然若失，令人气馁了。但是我想，这个时候决不应该气馁。"[3] 世界的语言是英语，而不是荷兰语，所以"从横滨回来的第二天，虽然一度感到失望，但同时又立下新志，今后无论如何要下决心集中精力学英语。"[4] 他设法找到了两本兰英字典，并"相信有这部字典就好了，不需要先生，我可以独立自修。我每天拼命查字典，不分昼夜地苦读，有时还试把英文书

1 引自加藤周一《日本文学史》（英文）第三卷第 81 页。译注：见加藤周一原著《日本文学史序说》（下卷）第十章《第四个转折期（下）》之"福泽谕吉与西方化"；福泽谕吉原话见《福翁百话》之三十四"不可半信半疑"。

2 见《福翁自传》第四章《绪方塾的学风》之"学习无目的"。

3 见《福翁自传》第五章《从大阪到江户》之"到小石川学英语"。

4 见《福翁自传》第五章《从大阪到江户》之"到小石川学英语"。

译成荷兰文，一心一意要学好英文。”[1] 他成绩斐然，第二年就出版了他的第一本书——《华英通语》。“这算不上翻译，只是用假名标出英文单词的发音，非常简单。”[2]

机会成就人。“我来江户的第二年，即安政六年（1859）的冬天，德川幕府断然决定派遣军舰访美，这是日本开国以来空前未有的大事。我因此有幸到访美国。”[3] 1860 年 1 月，福泽谕吉和其他人乘坐“咸临丸”从浦贺出发，于 2 月 26 日（按西历实为 3 月 27 日）抵旧金山。他在美国随团考察了三个星期，然后经夏威夷返回日本，8 月份就出版了他的《华英通语》。

美国对他来说是个全新的世界，他在自传中讲了几个令他倍感冲击的故事。相对于纸竹制品无处不在、物尽其用的日本，美国的富足已经到了可以肆意挥霍的程度，“在垃圾堆或海滩上都会看到很多的废铁，扔掉的汽油桶和空罐头盒随处可见，这真不可思议。而在江户，凡有失火的地方，就会跑来许多人在火场附近拾铁钉。”[4] 毯子在日本十分珍贵，“而这里却把毯子铺在有八张或十张榻榻米那么大的宽敞房子里，人们穿着鞋在上面走，让我们看得目瞪口呆。可是美国人从马路上进来就直接踩上去，于是我们也就穿着草鞋跟着这样做。”[5] 这里物价之高昂使他震惊，“买一瓶牡蛎要半美元，牡蛎只不过二三十个。

1　见《福翁自传》第五章《从大阪到江户》之“进入藩书调所学习”。译注：藩书调所为幕府教授、研究、翻译西洋书籍和外交文件的直属机构。

2　见《福泽谕吉全集绪言》。

3　见《福翁自传》第六章《初访美国》之“咸临丸”。

4　见《福翁自传》第六章《初访美国》之“说明事物如隔靴搔痒”。

5　见《福翁自传》第六章《初访美国》之“穿草鞋走地毯”。

“咸临丸”组员，图中右一为福泽谕吉

算起来，在日本卖二十四至三十二文的牡蛎，在美国卖一分二铢，物价之高真是惊人。”[1]

由于他早年钻研西方科技，懂得蒸汽、电力、物理及化学，所以他“对科学方面的事情都不感到惊奇，唯独对社会上的情形感到困惑。”[2] 他对男女之间的交往也感到奇怪，其中一个例子是跳舞。在舞厅，他了解到“美国的绅士淑女们经常组织舞会，我们虽受邀去观摩，但一点也不知其所以然，只是看到男男女女动作古怪，在屋子里转来转去，忍不住要笑，但是我们觉得这样肯定不礼貌，于是就极力忍着。”[3]

同样令他震惊的是美国人并不关心名人的亲戚后代——

> 我忽然想起一件事来，遂向别人打听华盛顿的后代子孙现况如何。回答的人说：“华盛顿的后代当中有个女人尚在，目前情况怎样虽不清楚，但想必已经嫁给什么人了。”回答的语调非常冷淡，实在令人惊奇。我也知道美利坚是个共和国，她的总统四年改选一次，但我以为华盛顿就相当于我国的源赖朝和德川家康，后代子孙必然都是一些重要人物，所以才提出这个问题来。但对上面那种回答，我觉得真是不可思议 。[4]

福泽谕吉带着困惑和好奇离开了美国。他在美国抓住一切机

1　见《福翁自传》第六章《初访美国》之“说明事物如隔靴搔痒”。

2　见《福翁自传》第六章《初访美国》之“华盛顿子孙现况如何”。

3　见《福翁自传》第六章《初访美国》之“磊落书生如新娘”。

4　见《福翁自传》第六章《初访美国》之“华盛顿子孙现况如何”。译注：源赖朝（1147—1199），日本镰仓幕府首任征夷大将军；德川家康（1543—1616），江户幕府首任征夷大将军。

会，度过了愉快的时光。令同行者羡慕的是，他居然和当地相馆老板 15 岁的女儿合照了一张相，“这个姑娘正好在那里，我问她是否愿意和我一起拍张照片。这是个美国姑娘，她不用想那么多，说声‘好’，就拍下了这张照片。”[1] 因为只有三个星期的时间，除了知道些当地的风俗习惯，“我们对美国社会上、政治上和经济上的情况一点儿也不了解。”[2] 最有意义的是，他带回了一部韦伯斯特字典，成为他“打开现代文明学习之门的钥匙。”[3]

1861 年，通过媒人介绍，他与同藩藩士土岐太郎八之次女阿锦，以日本的传统方式结了婚。婚后两人一共生育了九个孩子，四男五女，每个都最终成年，但另有一对双胞胎出生时就夭折了。他说，“我在这两三年里，与其说是教诲别人，毋宁说是自己在专门研究英语。文久元年（1861）冬天，日本要向欧洲各国派遣使节，我再度获得机会，随使团访问欧洲。”[4]

*

欧洲之行几乎有一年之久，使团在好几个国家逗留的时间相对较长，他们往返的路线如下——

访欧一事决定后，我们在文久元年（1861）十二月便动身启航了。这次因有日本使节前往，所以英国派遣一艘军舰“奥丁号”（Odin）来

1 见《福翁自传》第六章《初访美国》之“少女的照片”。

2 见《福翁自传》第六章《初访美国》之“说明事物如隔靴搔痒”。

3 见西川俊作《福泽谕吉》。

4 见《福翁自传》第七章《访问欧洲各国》第 1 段。

与相馆老板女儿的合照

福泽谕吉夫妻肖像

福泽谕吉和他的 2 个儿子

福泽谕吉的 5 个女儿

迎接。我们乘该舰出发，沿途经停中国香港、新加坡，穿过印度洋，然后进入红海，从苏伊士登陆改乘火车，到埃及的开罗，住了两夜后又乘船渡过地中海到法国的马赛，在马赛换乘火车到里昂住了一晚。抵达巴黎后停留约有二十天之久，完成使命以后即离巴黎赴英。随后又从英国去荷兰，从荷兰到普鲁士的首都柏林，从柏林转赴俄国的彼得堡，后来又返回巴黎。自巴黎坐船去葡萄牙，然后入地中海按原路回国。往返整整一年，到文久二年（1862）年底才回到日本 。[1]

实际上，根据西方的记载，这次航程从1862年1月开始，福泽谕吉在同年12月返回日本。

幕府当局派出这个大型调查使团，一方面希望他们能尽可能收集到西方“文明”的各种信息，使日本能够促进自身的发展；但另一方面，由于几百年的闭关锁国，他们又担心这些信息会对使团成员可能带来的影响——因此左也不是，右也不是。福泽谕吉回忆道：“奇怪的是，当时日本还完全处在闭关自守的情况下，我们虽然身在海外，但官方却总想阻碍我们和外国人接触。”使团中有专人负责监督，“尤其是对我们三个……都是念洋文的，一点儿也不敢疏忽。”[2]每次外出都有人陪同，“尽管如此，我们想看的还是看到了，我们想听的还是听到了。”[3]

一个新奇的世界展现在热切好奇的福泽谕吉眼前，“整个旅程，所有西方文明的事物和制度都令我们觉得新鲜而惊奇，

1　见《福翁自传》第七章《访问欧洲各国》第2段。

2　见《福翁自传》第七章《访问欧洲各国》之“自由参观中的不自由”。

3　见《福翁自传》第七章《访问欧洲各国》之“见血晕倒”。

遣欧使节，图中左二为福泽谕吉

每停留一处，我们都把握机会接触许多人，并向他们学习。”[1]他依然对科学技术不太感兴趣，也无印象特别深刻的，相关知识他都在书上读过了。

对于物理、化学、机械或电力、蒸汽、印刷以及各种工业制造方面的问题，我未必一一详细询问，因为我本来就不是一个专门学者，即使问了也不能深入理解，只能略知大意。若只是略知大意，我自己查一下原著就容易弄明白了，所以我急于探求的，主要是其他问题。[2]

这偶尔会令人尴尬，因为招待方认为日本使团成员，包括福泽谕吉，对科学技术的进步最感兴趣。在美国访问时，好心的主人带他们观看新技术的奇迹，这种情况就发生过了——

我一看就知道这是电报，那是利用电解原理镀锌。我们还参观了一所制糖厂，当时正在把一个大罐抽成真空，使里面的水加速沸腾。他们恳切地给我们讲解，可我早就知道真空可以加速水的沸腾，而且还知道用骨炭过滤可以净化砂糖。对方大概以为我们一无所知，因此很详细地

1　见《福泽谕吉全集绪言》。

2　见《福翁自传》第七章《访问欧洲各国》之“探求事理”。

进行解说。我在日本的时候曾对这种东西钻研了数年之久，所以并不觉得新奇。[1]

时间宝贵，福泽谕吉不想浪费，他要明确把握重点。“在日本读原著时遇到不懂的地方只要一翻字典就没有解决不了的。可是有些问题对外国人来说显而易见，在字典上就查不到，这对我来说算是最难的了。所以在访问欧洲各国的时候，我只想把那些原著中不懂的问题弄清楚。”[2]他知道自己的兴趣会令招待方不解，“遗憾的是我这样做两边都有点尴尬，但我设法向其他人请教，都是我在字典上不能解决的问题。我的问题都是很常见的事物，这些绅士们一定觉得是在浪费时间，但对我而言，这些问题是关键所在，最令我不解。”[3]

他对机构和社团的运作以及民主政治尤感兴趣。在机构方面，他非常着迷，但也非常困惑，比如医院、邮局、警察局等等。“例如，医院的开支怎么解决？由谁负担？还有，银行的资金进出如何办理？实行邮政法的主要内容是什么？法国厉行征兵制，而英国却没有，那么征兵制的目的究竟何在？”[4]

他不断地询问和接触，进行了各种不同的观察，做了大量的记录。

我们参观了海军、陆军军营、国营和私营的各种工厂以及银行、公司、

1　见《福翁自传》第六章《初访美国》之“说明事物如隔靴搔痒”。

2　见《福翁自传》第七章《访问欧洲各国》之“探求事理”。

3　见《福泽谕吉全集绪言》。

4　见《福翁自传》第七章《访问欧洲各国》之“探求事理”。

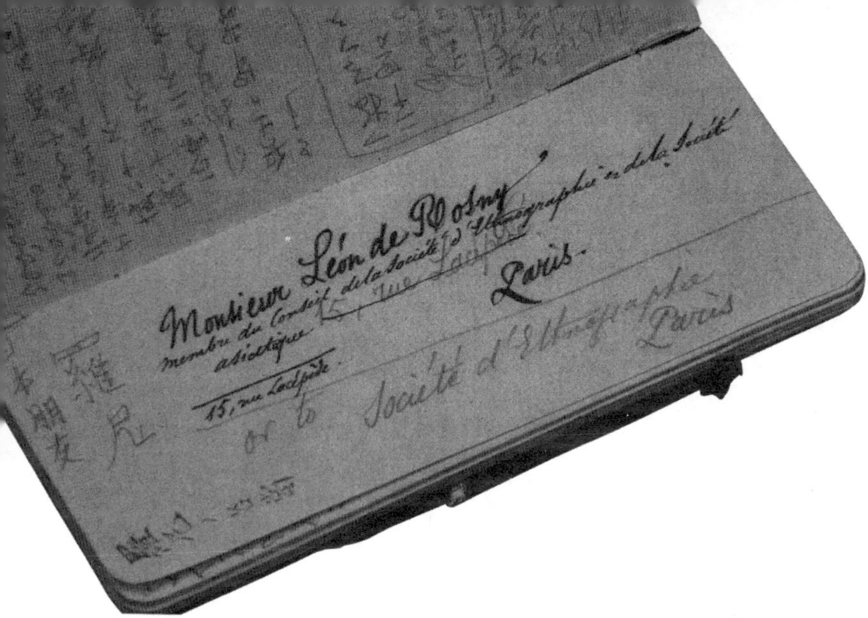
Monsieur Léon de Rosny
Paris.
Société d'Ethnographie
Paris

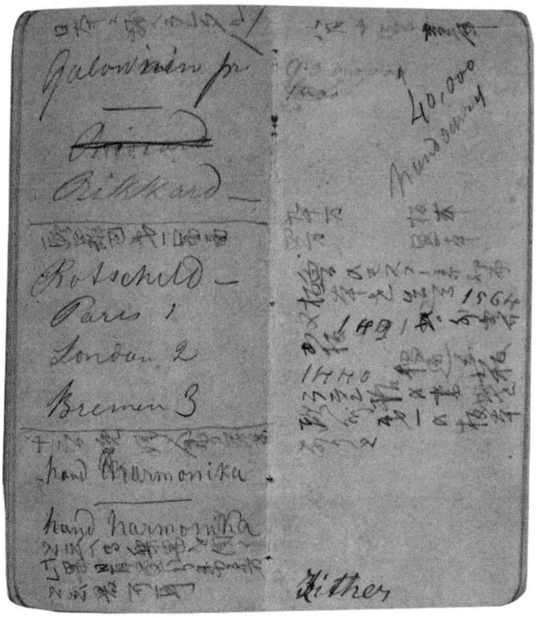
Rotschild
Paris 1
London 2
Bremen 3
hand harmonika

西航手账

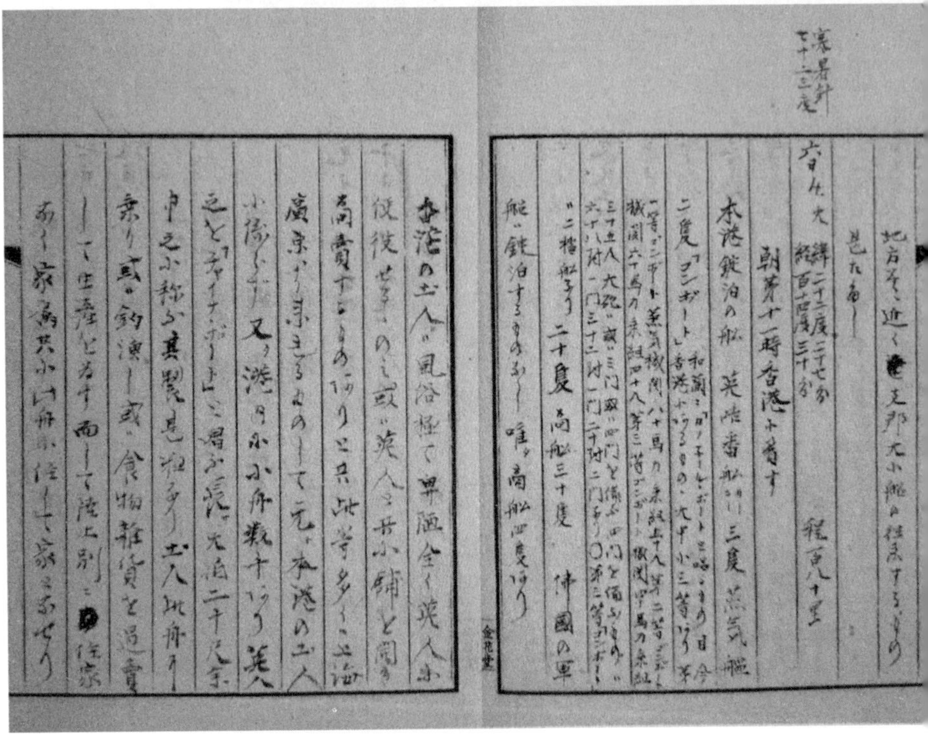

福泽谕吉《西航记》

修道院、教育机构、俱乐部等等，还到医院参观了解剖和外科手术，有时应邀赴名人的晚宴、欣赏舞蹈等等。殷勤的招待反而使我们筋疲力竭。[1]

日本使团在伦敦逗留的六周期间——卡门·布莱克有这样的描述——“出席了行政机构在伦敦贵族社区举行的舞会，以及诺森伯兰郡女公爵的盛大舞会。他们经常他们经常光顾正在伦敦举办的世界博览会，视察了伍尔维奇阿森纳及其军事要塞、动物园、议会大厦、布坎南弓箭厂、水晶宫、伦敦国王学院医院、约翰·佩恩公司在布莱克希思的锅炉厂。”他们也“去了德比，在纽卡斯尔下了煤矿，参观了朴茨茅斯的造船厂。”[2]

其他的经历同样有趣，福泽谕吉的热情和好奇是显而易见的，“医院、贫民院、聋哑学校、精神病院、博物馆和展览会，都是值得一看的新鲜事物，而当我了解到这些机构的起源和贡献时，每一处细节都使我羡慕和着迷。”[3]

托克维尔发现英美两国政治形式相去甚远，既有趣也难以理解，福泽谕吉也一样，他来自一个更遥远的国度，虽然还不太能理解欧洲的政治制度，但意识到十分重要。在“欧洲的政风人情”的小标题下，他写道：“关于政治方面，我在伦敦、巴黎等地逗留期间，遇见各方面的人士，听到各种各样的事情，由于不了解其原委，所以很难理解所讲的内容。”[4]

1　见《福翁自传》第七章《访问欧洲各国》之“自由参观中的不自由”。

2　见卡门·布莱克《日本现代启蒙：福泽谕吉著作研究》第 6—7 页。详细记录见布莱克之《第一个日本使团》(*First Japanese Mission*)。

3　见《福泽谕吉全集绪言》。

4　见《福翁自传》第七章《访问欧洲各国》之“欧洲的政风人情”。

他记录道："我对选举法一无所知。"[1] 因此，当他在英国看到这种制度的实际运作时，便有了下面的趣谈——

因为不懂，所以我只好打听一下："选举法是什么法律？议院又是什么机构？"对方听了只是笑笑，他们认为这是无需说明即可理解的，但我就是摸不着头脑。此外，党派当中有所谓保守党与自由党之分，双方各持己见，针锋相对。这是为什么呢？据说这是在天下太平之际进行政治上的争吵。这实在让我糊涂，实在难以理解。明明那人和这人彼此是敌人，却在同一张桌子上喝酒吃饭，究竟是怎么一回事？后来，我费尽苦心才得了个大致的了解。这些事情是逐渐了解的，遇到复杂的问题，就要费五天或十天的工夫才能弄清楚，这就是此次赴欧的收获。[2]

他收集到的大量新信息，以及在新世界的见闻，成为他毕生努力的一个基础。

他将所有观察和交谈摘要做了笔记。"但凡遇到自己认为合适的人，便尽力向对方请教，根据所闻，逐一记下……回国以后，我以笔记为基础，并翻阅各类原文著作，结合回忆进行整理，这样就写出了《西洋事情》。"[3] 我们知道，"其中一本笔记仍然保存着，上面用日文、英文、荷兰文写满了有关信息，涉及各种各样的话题，比如建造一英里铁路所需成本、伦敦国王学院的学生人数以及硬化木材的正确方法。"[4]

1 见《福翁自传》第七章《访问欧洲各国》之"探求事理"。

2 见《福翁自传》第七章《访问欧洲各国》之"探求事理"。

3 见《福翁自传》第七章《访问欧洲各国》之"探求事理"。

4 见卡门・布莱克《日本现代启蒙：福泽谕吉著作研究》第6—7页。

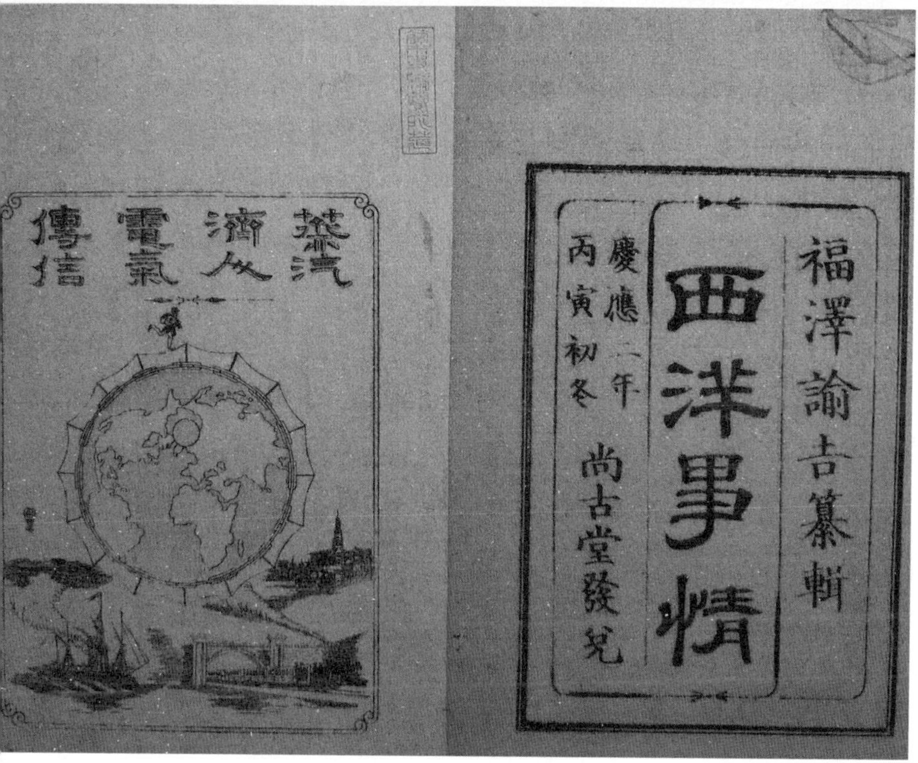

《西洋事情》初编

5 两身两世

福泽谕吉先后三次出访海外，他对荷兰语和英语的掌握使他独具解读日本及西方文明的优势。他也很清楚，自己有一个作出双重对比的基础——既经历过幕府旧制度的统治，也身处明治维新的变革当中；既了解日本的现实，也见识过西方的文明。他晚年说自己这一生“变化多端”——

我是一个古老小藩的小士族，少年时代就被束缚在狭小的环境中，正好遇上藩政当局管制最严的时期。然而我不仅飞出藩外远离故乡，而且生来所受的汉学教育也尽数抛弃，转入西学之门。读的书与以前迥然不同，交往的人也与以前完全两样。我自由自在地生活，曾有两三次出国，见识渐广，慢说旧藩，就连整个日本在我眼中也显得狭小了，这种生活是多么丰富多彩，是多么大的变化啊！[1]

1　见《福翁自传》第十五章《老年余生》之“经历变化多端”。

西方三百年来的思想在忽然之间触手可及，令他的视野迅速扩大。他在以下回忆中有精彩记述——

我们读史就知道，中津藩只不过是幕府时期三百个藩国之一，唯德川家族在日本岛大权独揽。而除了日本，在亚洲和西方还有无数国家，史上也曾有过众多英雄豪杰。我们或遥想拿破仑和亚历山大的丰功伟业，或感叹牛顿、瓦特、亚当·斯密的博学多才，才意识到世界上还有很多像丰臣秀吉那样优秀的人物，荻生徂徕也只是东方世界中的一个小先生而已。即使我们初识地理和历史的大概，思想就会与往昔不一样。读西方伟大思想家的理论，通过分析和对比，探究有形的物质世界和无形的人类活动中各种事物的因果关系，我们的视野就会更高远。深入思考我们的所读，不禁令人兴高采烈，有如被带入一个全新的世界。由此看来，在世界不同的发展阶段中，政体的更迭仅是人类活动的一小部分，战争不过是场儿戏。[1]

日本国内变化非常大。“开国以及王政维新所引起的变革在我们的历史上前所未有，甚至影响到我们的风俗、教育、工业以及衣食住等等。”[2]每天日新月异，“有史以来，初次与外国人接触，有如从黑暗沉寂的深夜，走到喧哗纷扰的白昼，看到的一切事物都是奇奇怪怪的，没有一件是适意的。”[3]也引起不

1 见福泽谕吉《旧藩情》。译注：丰臣秀吉（1537—1598），原名木下藤吉，日本战国时代末期至安土桃山时代的大名；荻生徂徕（1666—1728），日本儒学家、思想家。

2 见《福泽谕吉论妇女》（英文）第80页。

3 见福泽谕吉《文明论概略》第五章《续前论》。

少质疑和争议。

现在维持了三百年之久的德川幕府已经垮台，这是日本社会的一次大变革。我也是如梦方醒，自觉对藩政当局的态度也应改变。从前我对他们做过一些可耻的事，乃是因为过于崇拜藩主，视他为人上人……现在藩主与我们一样平等……后来拒受藩方硬要给的禄米……我对自己的这种激烈变化感到吃惊，追根究底，我认为是封建制度的政府垮台后，个人的奴隶心也随之一扫而空。[1]

面对欧美的实力与成熟，其他文化易失去自信，或至少认识到“落后”的现实——

近年来，我国和外国有了外交关系，日本文明和外国文明对比起来，不但在有形的技术工艺方面落后于外国，就是人民精神面貌也不相同。西洋各国人民智力充沛，有独立自主精神，在人与人的关系上是平等的，处理事物是有条不紊的，大自一国的经济，小至个人的生活，就目前的情况来谈，我们日本人无论如何是望尘莫及的。大体上说，到了今天人们才恍然大悟，完全承认西洋各国的文明和日本的落后 。[2]

过去日本受中国的庇护，但现在中国已陷于屈辱。

我们唯一的麻烦是我们已经长期没有和外界进行交往。而在同时，

1 见《福翁自传》第十三章《一身一家经济之由来》之“人是社会的寄生虫”。

2 见福泽谕吉《文明论概略》第十章《论我国之独立》。

其他国家受到战争的刺激，发明了大量的东西，比如蒸汽火车、蒸汽轮船、大炮和手枪等等。对此我们一无所知，因为我们看不到日本以外的世界，我们的学习专注于中国的古籍，武艺靠的是刀剑长矛。自然地，我们发现自己远远落后于时代，对外国列强产生了恐惧。[1]

长期闭关锁国之后，面对即将来临的巨大变化，的确使人心生畏惧——

我国自建国以来二千五百年间，由于治乱兴衰，虽然也发生过不少惊人的事件，但是，能深入人心使人感动的，最先是古代从中国传来的儒佛两教，后来最显著的就是近年来的对外关系了。而儒佛两教是以亚洲的固有精神传播于亚洲的，其中只有精粗之不同，对于日本来说，并不难于接受，因此说它新而不奇，也未为不可。至于近年来的对外关系就不然了：由于地理畛域不同，文明因素不同，以及这种因素的发展情况和发展程度不同，所以我国人民骤然接触到这种迥然不同的新鲜事物，不仅感到新异，而且感到所见所闻无一不奇无一不怪。这好比烈火突然接触到冷水一般，不仅在人们的精神上掀起波澜，而且还必然要渗透到人们的内心深处，引起一场翻天覆地的大骚乱。[2]

若要不像印度和非洲那样变成欧洲的殖民地，日本就要加速适应世界的变化，困难因此更大。

1　见《福泽谕吉全集绪言》。

2　见福泽谕吉《文明论概略》之《绪言》。

那么，明治时代令日本人民惊惧的因素是什么？外交。从商业角度而言，外国人富有而聪明；日本人贫穷而不习惯做贸易；从法律角度而言，日本人经常被宣告有罪而外国人却能得以逃避；从学识上，我们必须向他们学习；从财政上，我们必须从他们那里借入资本。我们愿意逐步对外开放，按自己的节奏迈向文明，但他们坚持自由贸易的原则，敦促我们马上全面开放。一切事项，他们处处主导，而我们处处被动，彼此之间几乎从来就没有平等的交换。[1]

各方面的巨大差距越来越明显，而传统汉学则相形见绌——

以日本人的智慧与西洋人两相比较，从文学、技术、商业、工业等最大的事物到最小的事物，从一数到百或数到千，没有一样能高于西洋，没有一样能和西洋相比拟，并且也没有人敢和西洋较量一番。除了天下至愚的人以外，没有人会认为我国的学术、工商业可以与西洋列强并驾齐驱。谁能以排子车和火车相比，又谁能以日本刀和洋枪相比较呢？我们还在流行阴阳五行之说的时候，他们已经发现了六十个元素。我们还在以天文卜吉凶，他们已经制造了彗星历，并进而研究了太阳太阴的实质。我们认为人是居住在不动的平地上，他们已经知道地圆而且是转动的。我们认为我国是至尊的神洲，他们已经足迹遍于全世界，到处开辟疆土，建立殖民地，政令商法之齐备，远比我们优越的东西有很多。所

1　见《福泽谕吉全集绪言》。

有这些问题，按目前日本的情况来看，没有一件可向西洋夸口。[1]

至此，福泽谕吉只是反思他众多朋友的言论；他的伟大之处，在于针对现状，运用其智慧作出切实判断。其中之一便是对西方体制的优劣进行了客观冷静的评估。他向往自由民主，但认为光有这些还不足以称善。他不时公开倡导日本要摒弃所有传统，认为“我国若要对世界开放，必须全面引入西方的种种。”[2]但同时他又有所选择：“西方的东西并不都是好的或有用的，其明显之弊端，须毫不犹豫地加以改正。”[3]

尽管生产力强盛，但他发现这些文明国家，尤其是美国，过分看重物质财富——

“虽然有了这样完美的条件，可是从这个国家的一般风俗上所表现的实况来看，不禁令人惊讶。全国的男子毕生奔走追逐金元，而全国妇女毕生只顾不断地生育这般追逐金元的男子，这难道是人类生活的崇高理想吗？我是不能相信的。”从穆勒（John Stuart Mill）以上的话，可见美国风俗的一斑了。[4]

他也注意到，文明国家尽管宣称平等，但实际上并非这样，

1　见福泽谕吉《文明论概略》第六章《智德的区别》。

2　见《福泽谕吉论妇女》（英文）第148页。

3　见《福泽谕吉论妇女》（英文）第148页。

4　见福泽谕吉《文明论概略》第三章《论文明的涵义》。译注：约翰·斯图尔特·穆勒（1806—1873），英国著名哲学家和经济学家。此处原话引自其《政治经济学原理》。

甚至还不如日本。“本来仰慕西洋文明，择其善者而效之是可以的，但如这样不加辨别地轻信，就还不如不信。例如西方国家富强，当然是值得羡慕的，但西方人民贫富不均之弊却不值得效法。”[1] 同样，当西方国家宣扬国家主权、国际法等等时，其在亚洲及其他地区之帝国主义之扩张掠夺却不择手段。许多西方人在与日本人打交道时蛮不讲理，简直咄咄逼人。他又注意到，“日本赋税虽重，但如想到英国人民受地主虐待的痛苦，却反而感到日本农民的情况可喜可贺。再如西方诸国非常尊重妇女，虽然是人类世界的一件好事，但悍泼之妻凌辱丈夫，不孝之女看不起父母，行为放荡之习俗，就不值得赞赏了。”[2] 总之，西方物质生活、政治和社会制度以及科学知识远远超前，但其伦理基础不值得称道。“察看日本男性的道德行为，并与文明国家男性相比较，日本男性不居其后。”[3]

福泽谕吉认为，他的使命就是将西方的科学、技术、政治制度和市场经济，与日本传统的道德精神相结合。日本今天是一个令人好奇的东西方结合体，在相当程度上是因为他有清楚的认识，即“纵使西方文明高出日本数倍，其文明也未必尽善尽美。”[4]

福泽谕吉的伟大之处也在于他将自己视为从外界观察两个世界的人，他自己成长于日本，继而走向世界，反过来变成一个富于同情心的外来者、参与者和观察者。

1　见《劝学篇》第十五篇《论怀疑事物与决定取舍》。

2　见《劝学篇》第十五篇《论怀疑事物与决定取舍》。

3　见《福泽谕吉论妇女》（英文）第 96 页。

4　见《劝学篇》第十五篇《论怀疑事物与决定取舍》。

> 人生于世，犹如乘舟渡海，舟中之人随船而动，然而对航速、航向茫然无知，只有岸上之人，才能精确了解。旧中津藩的士族，随藩政而生死，他们对藩国的将来，以及今日之状况为何如此，也是茫然无知。我独立于岸上，一如以往，作为一个观察者，对藩中士族看得更清。因此，我也就把所见形诸文字。[1]

同样令人感兴趣的是，当西方文明的扩张盛极一时，科技占尽优势之际，福泽谕吉能够从一个外部的角度去进行观察；关于前工业社会的原貌，穆勒和巴克尔（Henry Buckle）[2]等人只能进行揣测，福泽谕吉则能在他的人生中重现150年来的巨变，因为他经历了人类历史最后一万年中最激烈的变化。

这有利于他深入发现文明的本质，而不是只有震惊和诧异。

> 所以论述往事的时候，他们不会先于臆测揣度或模糊不清，而能够直接利用自己的切身体验与西洋文明互相比照。这是一个有利条件。从这点看来，必须认为，站在已经形成的一个文明体系圈内去推测其他国家情况的西洋学者，就不如我国学者根据这种切身体验来得更加可靠了。所谓当代学者的幸运，也就在于具有这种切身体验这一点上。而且，这种体验——过了这一世代，就不可复得，因此必须认为今天这个时代是特别宝贵的大好机会。请看目前我国的洋学家们，没有一个不是以往研究汉学的，也没有一个不是信仰神佛的；他们不是出身

1　见福泽谕吉《旧藩情》之《绪言》。

2　译注：亨利·巴克尔（1821—1862），英国历史学家。

封建士族，便是封建时代的百姓。这好像是一身经历了两世，也好像一个人具有两个身体。[1]

他相信这个有利条件会使自己获得一系列尤为可靠的洞见。

如果把这两世和两身前后相比较，以前世前身所接触的文明和今世今身所接触的西洋文明互相比照的话，那么这两者互相辉映究竟会呈现什么样的景象呢？人们自然会得出确实可靠的观点。我之所以不揣浅陋，敢于以肤浅的洋学见解来撰写这本小册子……无非是想要利用我所获得的而后人不可复得的这个大好机会，把我的见解留传后人参考而已。[2]

1　见福泽谕吉《文明论概略》之《绪言》。

2　见福泽谕吉《文明论概略》之《绪言》。

福泽谕吉（前排中）与庆应义塾大学毕业的议员们

6 开风气之先

从欧洲回到日本后的五年里，福泽谕吉主要在江户从事教学和翻译。此期间国内外冲突日增，局势紧张。有一次，因担心英军攻击，他搬到了城外[1]。由于攘夷情绪高涨，他回避了一些往来。家中成员增加了，他也专注于写作。1866 年，他出版了《西洋事情・初篇》，普受欢迎。他以幕府家臣的身份继续教学。接着在 1867 年，他开始了第三次也是最后一次海外之旅，再访美国，六个月之后回国。尽管他很少谈及考察所得，却带回了其他法宝。

旅费全由政府支付，领到津贴无需使用，这次赴美就用这笔钱尽量购买了一大批外文书，有大、中、小型的辞典和一些地理、历史方面的

1　译注：1863 年 5 月，英国与幕府就萨摩藩武士在生麦村（今横滨鹤见）砍杀外国人的“生麦事件”进行交涉。当时为日本攘夷论最盛之时，江户骚乱不安，福泽谕吉也做好了撤离的准备。后来英方与萨摩藩直接交涉未果，于 1863 年 8 月 15 日—1863 年 8 月 17 日，派遣军舰攻击鹿儿岛湾。史称“萨英战争”。

书籍，此外还有法律、经济、数学等方面的。这些图书都是第一次输入日本，全塾几十个学生每人都能依靠这些原版书深入地钻研学问，实在方便极了。[1]

他写道，往后十几年，日本学子们逐渐用上了美国的教科书，他开了风气之先。

此外，他还特别提到了从学生那里收取学费——这在西方是平常事，但在日本尚属首次——这样他就有经费用于建设新校舍。1868 年师生搬入新址，学校也改名为“庆应义塾”。他专注于校务。其时日本的命运正在决定性关头，延续了 250 年的德川幕府被推翻，明治政府推行革新，因此也导致了连番激战。

倒幕派的胜利，某种程度上是因为武器先进，在这件事上，福泽谕吉发挥了意想不到的作用。有一次，他因翻译需要而得到一本讲解来复枪使用的外文书，他想：“难道我会翻译这样一本书而什么都不知道吗？”[2] 于是便根据书中说明，自己拆装了一支来复枪，“有了这个经验，我对来复枪的了解大大增加，便马上进行了翻译。”[3]《来复枪操法》1867 年出版，卖出了上万本。后来他与村田经芳少将见面，才知道这位杰出的军火专家从书中得益不少。

1 见《福翁自传》第十章《王政维新》之“庆应义塾日益兴盛”。

2 见《福泽谕吉全集绪言》。

3 见《福泽谕吉全集绪言》。

*

1868年的明治维新，初看对日本或福泽谕吉的改变并不大，倒幕派如果有什么不同的话，那就是他们比在德川时代更害怕外国人，更因循守旧了。正如福泽谕吉所预见，新政府看起来像“由各藩目光短浅的人组成，是另一个迂腐的攘夷派政府，这将铸成大错，引致国家毁灭。”[1] 不过他和其他人发现，日本还是迅速有了一些新的改变，“一大批昂扬奋进的年轻人，准备完全照着西方的样子建设一个新日本……”[2] 福泽谕吉和他的朋友们开始感到，“他们有如在舞台上出演一台自己编导的大戏。”[3] 日本展现了未有之新前景，新事物、新观念得以广泛传播。

他最终也切断了自己和旧藩的关系。19世纪60年代有那么一段时间，福泽谕吉仍然保留着他的藩士身份，领取米俸，并遵命办事。但他开始质疑藩中尊长的政治观点，和当局的关系越来越紧张。“我的态度就是这样，闭口不谈政治，既然不谈政治，所以在藩中没有当官发迹的野心，既然无此野心，也就无需有求于人，眼中无人也无本藩。”[4] 明治维新后，他日渐固守己见，最终明确了立场，“如果认为这样不好，那最好把我赶走，别无他法。若要把我赶走，我只有谨遵上命，远离本

1 见卡门·布莱克《日本现代启蒙：福泽谕吉著作研究》第27页。

2 见卡门·布莱克《日本现代启蒙：福泽谕吉著作研究》第27页。

3 见卡门·布莱克《日本现代启蒙：福泽谕吉著作研究》第28页。

4 见《福翁自传》第十章《王政维新》之“当日即卖掉拜领的纹服”。

藩。”[1]

回顾这些事情，他还记得其时来路艰难。有一次他将印有奥平氏家徽的纹服卖掉了，“我对本藩的感情，说得好听点比较冷淡，可是在同藩士族的眼光看来，我简直是一个无情者。”[2]当长州局势不稳时，中津藩应幕府命令，征召学生回去参战，他却极力劝阻：“征伐长州这件事不问它是非曲直，反正不是学者书生应该参与的，所以我决不叫你们回藩。”[3]后来他拒绝受领藩主发放的米俸，和家臣们言来语去，“家臣们看我反应激烈、蛮横，就不再坚持己见，我终于就和中津藩断绝了关系。”[4]这样，福泽谕吉成了为数不多、没有身份的怪人，有了个人自由的空间，他充分利用这种优势，更努力地从事写作和教学。

可能需要说明一下的是，直到大约1870年，福泽谕吉的写作局限于解释科学事物，多属非争论性的科学问题和西方的制度描述。例如，他整理了海外之旅的笔记，于1866年、1868年、1870年分别出版了《西洋事情》共三篇，《西洋事情·初篇》详细描述了“西方社会的各种机构：学校、报社、图书馆、政府部门、孤儿院、博物馆、轮船公司、电报局”，然后“简述了美国、荷兰和英国的历史、政府、军事体制和财政状况”；“《西洋事情·外篇》，探讨构成文明社会的被

1 见《福翁自传》第十章《王政维新》之“主从之间亦言来语去”。

2 见《福翁自传》第十章《王政维新》之“主从之间亦言来语去”。

3 见《福翁自传》第十章《王政维新》之“征伐长州时劝阻学生回藩”。

4 见《福翁自传》第十三章《一身一家经济之由来》之“辞退本藩米俸”。

称为‘基石和支柱’的无形体系”。[1] 该篇也包括了“英国广受欢迎的系列书籍——钱伯斯《教育课程》”，这套课程为约翰·希尔·伯顿（John Hill Burton）[2]所撰，爱丁堡的罗伯特和威廉·钱伯斯公司（Robert and William Chambers）出版；《西洋事情·二篇》则“集合了一些参考资料，有威廉·布莱克斯通（William Blackstone）[3]关于人权以及弗兰西斯·威兰德（Francis Wayland）[4]关于税收的文章，还有关于俄、法两国的历史及其他资料。”[5]

《西洋事情·初篇》的出版正值日本向西方开放之际，对公众产生了巨大的影响，共售出十五万本，另有超过十万本的盗版。“五条御誓文”[6] 的起草者、明治维新宪法的推动者及其同仁几乎仰赖此书[7]。福泽谕吉作为启蒙导师，并非浪得虚名。

他们一看这本书有意思，建立文明社会，这才是一本好材料。一人说万人应，不论朝野，凡谈西洋文明而主张开国之必要者，都把《西洋事情》置于座右。这本书好像无鸟村的蝙蝠[8]、无知社会的指南，甚至维

1 见西川俊作《福泽谕吉》之“前言”。

2 译注：约翰·希尔·伯顿（1809—1881），苏格兰律师、历史学家和经济学家。

3 译注：威廉·布莱克斯通（1727—1780），英国法学家。

4 译注：弗兰西斯·威兰德（1796—1865），美国经济学家。

5 见讲谈社《日本百科全书》（插图版）“西洋事情”词条。

6 译注：1868年4月6日，明治天皇亲率文武百官在京都御所宣誓，揭示国是基本方针五条（即“五条御誓文”），开启明治维新的序幕。

7 见讲谈社《日本百科全书》（插图版）“西洋事情”词条。

8 译注：无鸟村的蝙蝠——日本谚语，即村中没有鸟，村民把蝙蝠也算作鸟了。意指渴求强烈。

新政府的新政令，有的可能也是根据这本小册子制定的。[1]

此书的诞生正当其时。“这种情况好像是很奇怪的，但当时在日本国内出版的传播西方新思想的著作只有我这本粗陋浅薄的小册子。因此我断定，这本书正投合时机。”[2] 在明治维新开始前，他已经开始写这本书了，前后三篇，在日本大局既定之前全部出版完毕。“即便有人读此书，也很难想象人们会把其中所讲的内容运用在日本的实际当中，简言之，当时我自认这不过是一部有关西方的小说或虚构的故事而已。”[3] 不过这种“虚构”在日本引起了热切的关注，福泽谕吉的雄心因此大增。

为日本的现代化，他继续出版通俗实用的著作。例如，他认为日本应该采用合理的簿记系统，但首先要向大家解释经济学原理——

我闲坐下来，细想当今状况，忽然有了一个想法，就是商人和从事产业的人员，在采用西方的经商方法之前，应该熟悉西方的经济学原理，要是马上就变更簿记方法，而没有基础知识，那就违反自然规律。一个人现在应该所做的，将可教导一大群年轻人通用的、基本的西方经济学原理，等他们成长之后，即可接管生意上的事情。此后，新簿记的价值将被认识。心中有此想法，于是就有了这本《簿记法》。[4]

1　见《福泽谕吉全集绪言》。

2　见《福泽谕吉全集绪言》。

3　见《福翁自传》第十五章《老年余生》之“经历变化多端”。

4　见《福泽谕吉全集绪言》。

后来他在自传中说，这本《簿记法》和《来复枪操法》一样，讲清楚原理是一回事，能学以致用是另一回事——

明治维新之后，我翻译了一部《簿记法》，今天坊间的簿记书都是仿效我的翻译写成的，照理我应该是个簿记专家，可读书人与生意人的想法有如天壤，我不仅不能学以致用，而且看到别人记的账也很难理解。[1]

在19世纪70年代初，他的著述迅速转向，因为他意识到自己的使命不在于解释和帮助引介科学、技术和体制（比如他曾经协助建立西式的警察部队）[2]，而在于改变文化和思想，这更为艰巨。他开始致力介绍西方的“精神”——自由、平等、民主的观念，我们在他19世纪70年代出版的主要哲学著作中，能看到他极大地受到了弗朗索瓦·基佐（François Guizot）[3]、穆勒和巴克尔乃至法国和苏格兰启蒙运动的影响。

1872年他发表了《学问的旨趣》，其后四年不断写出续篇，最后集成他的主要著作之一《劝学篇》，包括了从1872年至1876年出版的十七篇文章，由于其文字简洁明了以及对德川幕府之批评严厉而受到欢迎，销量非常高，竟达三百四十万册[4]。1875年他总结了自己的思考，写出了《文明论概略》，次年又出版与托克维尔思想相近的《分权论》，三年后写出《通俗民权论》以及《通俗国权论》。最后这两本书的出版是福泽

1 见《福翁自传》第十三章《一身一家经济之由来》之“翻译簿记法却不懂簿记”。

2 见《福翁自传》第十章《王政维新》之“义塾迁至三田”。

3 译注：弗朗索瓦·基佐（1787—1874），法国政治家、历史学家。

4 见卡门·布莱克《日本现代启蒙：福泽谕吉著作研究》第11页。

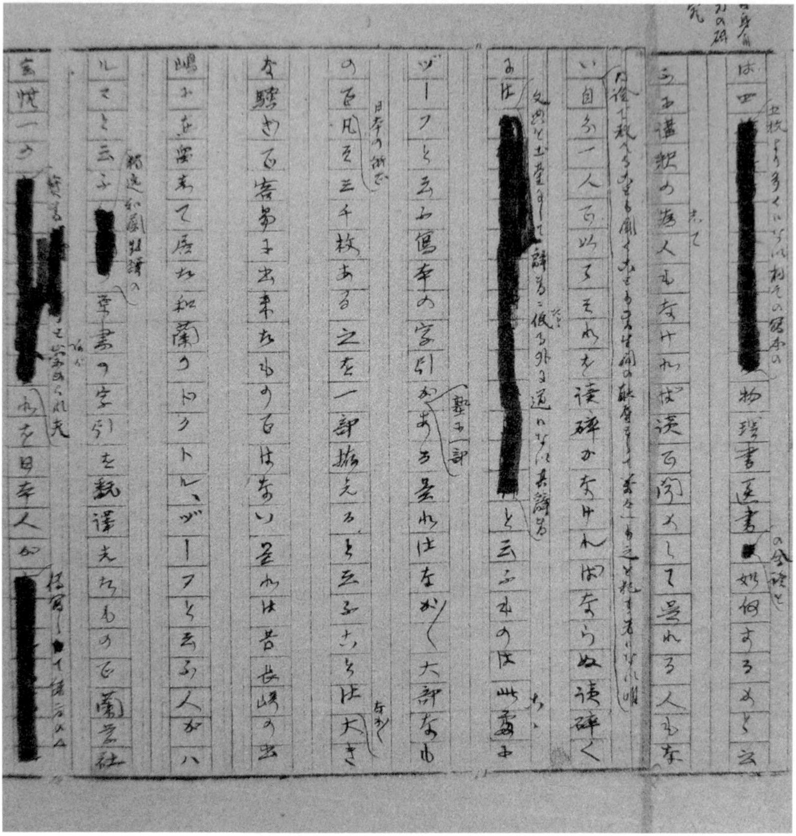

福翁自传原稿

谕吉的转折点，如下文所讨论，他越来越不信任西方霸权，因而有了激进的民族主义情绪，这种情绪一直持续到1895年日本击败中国。1878年后，除了《福翁自传》(1899年)，他取得那样广泛影响的著述已不多见。

福泽谕吉在自传中说他的主要武器有两种，笔是其中之一："然而我所能做的，全靠三寸不烂之舌和一支笔。有赖于身体健康，我能专心致力于塾务，并且舞文弄墨，在《西洋事情》以后做了一些或著或译的工作。我一方面教育莘莘学子，利用演说来传播自己的思想，另一方面著书翻译，非常忙碌，但这也只是希望尽一分绵薄之力而已。"[1]

他自己也投入到出版事务中。他创立《时事新报》社，自1882年起在其上发表了多篇文章，也不时连载他的著作。他的写作如此成功，出版上也努力，乃至"当时所有关于西方的著作无不出自福泽谕吉。"[2]

他把西方习以为常的演说引介进来，与教学并重，亦开风气之先。他在西方感受到了演说的魅力，但在日本完全未见，于是作了生动的记录，继而在1873年出版了《会议辩》。从他的记述中，我们看到引介新观念之难，也看到他克服其难的创造性。

他回忆道——

1 见《福翁自传》第十五章《老年余生》之"经历变化多端"。

2 见卡门·布莱克《日本现代启蒙：福泽谕吉著作研究》第27页。

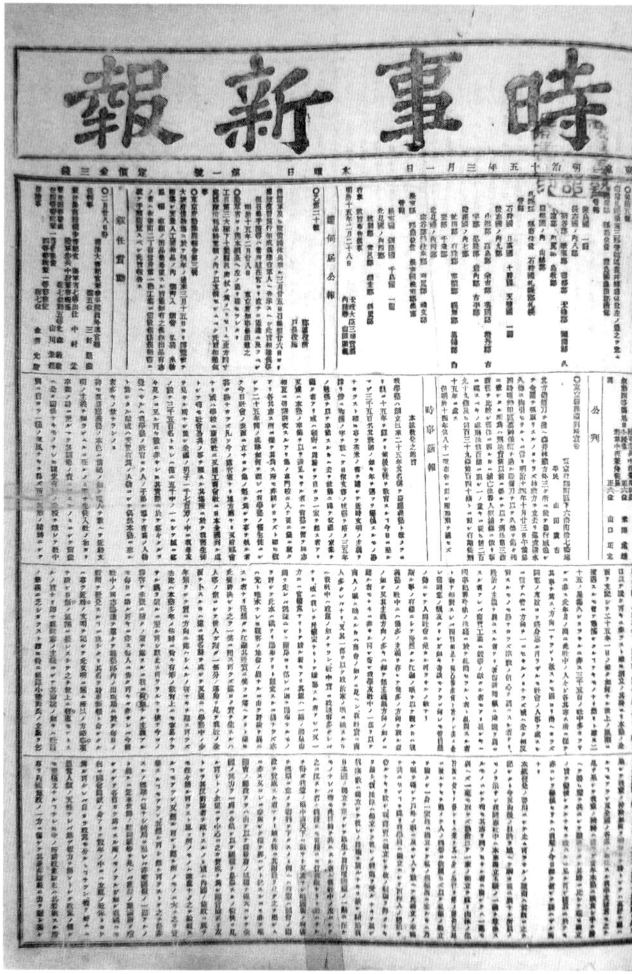

時事新報

明治十五年三月一日 木曜日 第一號 定價金三錢

《时事新报》创刊号

看一下今天的实际情况，人们用口述的形式，把其心中所想的讲给公众，这本是极为寻常的事情，不仅如此，甚至连速记法也得到推广而达到实用的地步。在这样的社会中，演说一事，一定也会有人认为大概这是千百年来的一种习惯。但是，这种演说在二十几年前还是一种奇怪的方法。当时为要实行演说，我们大家都费了很多心思，那种辛苦实非容易。[1]

接着他就讲了引介演说的经过。

那是明治六年（1873 年）春夏之际，明六社的小泉信吉氏带着一本英文版的原著到我家来，他说："西洋各国对于一切人事都发表 speech（演说），这是非常必要的做法，现在更不用说了。在他国如此必要之事，在日本就不必要，这是没有道理的。不，在我国不仅也很必要，而且正因为没有这种方法，所以政治、教育还有工商事业都缺乏人与人互通思想的手段，为此发生双方误解的不利之事实在不少，现在这本小册子记述了 speech 的概要，你看把这种新方法介绍给日本国内如何？"[2]

福泽谕吉在英国早已见识过辩论的运用，当时对那种对抗式的政治还迷惑不解，而今听闻如此，就马上行动起来。

1　见《福泽谕吉全集绪言》。

2　见《福泽谕吉全集绪言》。

听他说后，我就打开该书一看，对日本来说真是一本新奇的书！我说“要是那样的话，我们无论如何也要把它的大意翻译过来”。于是几天之内就译完了，这就是《会议辩》。本来在翻译时，首先遇到的问题是不知 speech 如何译出，找不到合适的词。这时忽然想到我在中津藩有这样一种情况：本来藩士对于藩政当局提出请求或报告，这是很平常的事情。但有时是关于各自的私事，有时是关于公务，既不便公开提出请求，也不便于打报告，而是呈上一种书面的东西，这种书面的东西叫做“演舌书”，别的藩是否也有这种事例不得而知，但总之“演舌”这个词，我在中津时是记得很清楚的，因此后来与社友商量，“舌”这个字太俗，就改成同音词“说”吧，于是就采用“演说”二字来翻译 speech 这个单词。[1]

福泽谕吉丰富的经历和独立的思考使他得出这么一个结果，他创造的词语融入了国民的日常生活中，而假如没有词语和概念的表达，民主在日本就不能发展。“今天从帝国议会到日本的穷乡僻壤，‘演说’已变成一件重要的大事，没有人不知道。但是‘演说’这个词，乃是仿效丰前中津藩的旧俗，由庆应义塾翻译时使用的一个字眼，这就是它的起源，以后蔓延、推广到全国都使用它了。其他如 debate 译成‘讨论’，而 approve 译成‘可决’、reject 译成‘否决’就比较容易了。”[2] 不过刚刚开始时，他所有朋友和同事都说用日语演说行不通，“但我静下来细想，觉得没有理由认为用日语演说不可能，若说困难那

1 见《福泽谕吉全集绪言》。

2 见《福泽谕吉全集绪言》。

是因为日本人从来不进行演说，但如果因为困难就不去尝试，那么演说始终会是一件困难的事情。”[1]后来，“他当着心存疑问的人进行了精彩的演说，并在庆应义塾创设了演说馆，他的同伴和学生，经常在这里举行集会和演说比赛。”[2]

现在这个地方已经改建，名叫“三田演说馆”。

比起如何说话，更重要的问题是如何产生改变。相对于西方，日本人说话更含蓄并受到各种限制，要理性地、客观地说话不容易，说话的口气连同身体的动作，还要随着对方身份地位的不同而改变。福泽谕吉曾对路人进行过不同测试，结果发现，面对不同的人，国人很难保持前后一致的说话态度。“人应该保持自己的个性，而不是看别人的神色来决定自己或谦虚或蛮横的态度。”[3]他致力在国人中推动公开演说和辩论，试图解决这个问题。但人们往往祈求得到对方赞许，于是有所迎合，要完全说出自己的意见，采取自己的立场，不卑不亢地进行有力的争辩是十分困难的。于是一切被社会大环境所吞没，个人及其观点并不重要，他或她必须屈服于群体的和谐，牺牲所有个人的意愿。这种屈服与牺牲，被固化在语言、礼节、政治以及宗族制度中。

此外，日本人觉得言辞与情感密不可分，但福泽谕吉在欧洲的时候，他对于英国的政客能在议会中就双方观点进行互相攻击而无个人敌意感到惊讶。辩论看似一个精致的游戏，有如

1 见《福泽谕吉全集绪言》。

2 见西川俊作《福泽谕吉》。

3 见《福翁自传》第十二章《杂记》之“试探路人态度之软硬”。

三田演说馆

合法的对抗，但能将各种观点从社会背景中抽离出来，换言之，就是要以理服人。

一般而言，允许政党表达异见，乃至异见存在，是与日本传统相悖的。因此，“在政治上，日本把三人以上聚在一起暗地商量事情称为‘徒党’，政府布告牌上就明确记有‘结党为不正之事’的字样，这是最重的禁制。”[1] 但他在欧洲所见，与日本大为不同，令他大惑不解，“在英国，就有所谓政党的组织，据说他们可以在青天白日之下互相竞争、授受政权。”第一次看到的时候，他就觉得不可思议，“在英国，允许读书人议论政治，即便直言诽谤时政，也不会获罪。”这样的制度难道不会导致一国的混乱？“以这样混乱的行为来维持一国的治安，真是不可思议，这究竟是怎么一回事，我们一点也不明白。”他继续观察和提问，直到“以后就产生各种各样的疑问，一问一答，渐渐问到该国议院的由来，皇室和议院的关系，舆论的力量、内阁的更迭等等，逐个听其解答，才得知它的实情，有的还未能了解清楚。遇到不少情况，只是不得其解。”[2] 他在著作中阐述了整个民主制度，向他自己及国人进行了解释。

还有，在日本举行会议时通常没有规则，“以前，每当人们集会讨论问题，由于缺乏一套商议的规则，常常议而不决，举凡学术争论、商业谈判、市政会议，常常发生这样的情况。”[3] 于是就必须学习遵循一套复杂的辩论及决议程序，这是西欧文明

1　见《福泽谕吉全集绪言》。

2　见《福泽谕吉全集绪言》。

3　见《福泽谕吉演说集》(英文)第21页。

国家在希腊哲学和西方法理学的基础上发展起来的。

他认为西方的发明和成功并非出于偶然，他把18世纪晚期的格拉斯哥大学作为榜样[1]，提醒他的读者："瓦特发明蒸汽机，亚当·斯密首倡经济学说，并不是独居默坐，一旦豁然而开悟的，而是积年累月研究了有形事物的道理，由一点一滴逐渐形成起来的。"[2]他自己挣脱了旧藩的束缚，踏上求学之路，而后半生则像培根一样，致力于推动"学术的进展"[3]，如他所言，做的是"劝学"的工作。

这是福泽谕吉热切发展西式教育的实践，因为他相信这是对抗不平等的强大力量。明治维新之后，他在《旧藩情》中有一段这样的办学记录——

比起其他藩地，中津藩在王政维新中免于遭难纯属侥幸，后来建立藩中学校，更是侥幸成为发展的机会。明治四年废藩置县时，旧藩中的任官与庆应义塾大学的职员通过协商，决定以旧知事的俸禄，连同旧藩的积蓄，设立一个基金，推动洋学的发展。他们在老城区建起了中津市学校，学校规定对所有学生一视同仁，无论他们门阀的高低贵贱。这并非只是标榜，而是付诸执行。这项规定从学校成立那一天起始终贯彻，

1　译注：格拉斯哥大学是世界最古老的大学之一，是苏格兰启蒙运动的中心以及欧洲工业革命的发源地之一。福泽提及的瓦特及亚当·斯密，均毕业于该校。

2　见福泽谕吉《文明论概略》第六章《智德的区别》。

3　译注：《学术的进展》，论述了学问的要旨，为弗兰斯西·培根所著，于1605年出版。此书通俗的英文书名为 *The Advancement of Learning*，而福泽谕吉的《劝学篇》英文书名为 *An Encouragement of Learning*，也是论述学问的要旨。本书作者似有意在此作出比较。

有如在没落的封建特权梦中，展现了一个士农工商四民平等的新世界。庆应义塾大学的职员多为中津藩士出身，但他们未曾以任何方式妨碍藩政，对藩中经历的所有动荡，也只是冷眼旁观。[1]

这一所学校取得了奇效，“一旦他们真心投入学校，老旧的门阀观念就烟消云散了。”[2]这样，下一代将免遭他在孩童时代所经历的痛苦。“无论是出于侥幸还是可见的原因，今天藩士之间，显而易见，已无怨争。”[3]人人平等、学以致用、谋求独立，被福泽谕吉视为教育的核心价值。

1 见福泽谕吉《旧藩情》。

2 见福泽谕吉《旧藩情》。

3 见福泽谕吉《旧藩情》。

福泽谕吉与《时事新报》社员

7 东洋道德西洋艺[1]

福泽谕吉的著述集中关注怎样才能使日本迅速富国强军，这是基于欧美和亚洲日益加剧的对抗而考虑的。英国在1839—1842年的鸦片战争中使清政府蒙羞，接着美国“黑船”[2]在1853年和1854年强迫日本开港，暴露出日本帝国的虚弱，他哀叹道：“总之，日本人缺少普通人类所具有的朝气而沉溺于停滞不动的深渊中。”[3]

福泽谕吉越来越担心欧洲扩张的威胁，他写道：“至于中国，因为幅员广大，西洋人尚不能深入内地，现在仅出入沿海一带，但观察今后趋势，这个帝国也将要变成西洋人的田园。”[4]印度这个文明古国就是这样，所以福泽谕吉担心，将来

1 译注：“东洋道德西洋艺”是日本思想家佐久间象山（1811—1864）对“和魂洋才”的表述，语出其《省諐录》，“艺”是指技术。

2 译注：当时美国军舰涂为黑色，被日本人称为“黑船”。

3 见福泽谕吉《文明论概略》第九章《日本文明的来源》。

4 见福泽谕吉《文明论概略》第十章《论我国之独立》。

印度、中国一旦成为欧洲的“省份”，那么日本的命运也不过如此，将难逃一劫。“西洋人所到之处，仿佛要使土地丧失生机，草木也不能生长，甚至连人种也要被消灭掉。看到了这些事实，并想想我们日本也是东洋的一个国家，尽管到今天为止在对外关系上还没有遭受到严重危害，但对日后的祸患，却不可不令人忧虑！”[1]随着世纪的步伐向前迈进，他觉得威胁正逐步加强，若要屈服，则被奴役，若要抗争，则被排斥，他写道：“全世界今天为西洋文明所主导，逆势而行将脱离文明的发展，被人类社会所抛弃，无论人和国家都一样。”[2]

他的目标就是要帮助日本转变为一个如同西方新兴工业国家一样富裕的国家，并因此拥有强大的军事力量。他在自传中写道：“我在日本竭力提倡洋学，定要使日本变成一个文明富强的西式国家，因此使庆应义塾成为西洋文明的向导，宛如西洋文明的东道主，一手包办西洋文明制度的买卖，或是洋学在日本的特别代理人。”[3]而在自传的另一处，福泽谕吉这样阐述他的工作目的：“我的目的不是教年轻人读外文原著，而是使闭关自守的日本打开门户，走向西方那样的文明世界，最终富国强兵，跻身文明诸国。”[4]

福泽谕吉的基本观点是通过富国强兵，维系国家的政治独立。他相信“日本的对外关系问题，不管从经济上说，或是从权利上说，都是极其艰巨的”，从属外国列强“可以说是危害

1　见福泽谕吉《文明论概略》第十章《论我国之独立》。

2　见《福泽谕吉论妇女》（英文）第79页。

3　见《福翁自传》第十章《王政维新》之“教育方针注重数理和独立”。

4　见《福翁自传》第十二章《杂记》之“主张独立，敢创新例”。

国家命脉的重病。”[1] 他一时说，独立是目的，文明是手段——“保卫国家独立的办法，除争取文明之外没有别的出路，今天号召日本人向文明进军，就是为了保卫我国的独立。所以说，国家的独立就是目的，国民的文明就是达到这个目的的手段。”[2] 一时又说，独立和文明不可分割——“国家的独立也就是文明，没有文明就不能保持国家的独立。”[3]

他知道，日本甚至亚洲要迎头赶上欧美，还有很长的路要走。当他比较“西方文明和东方文明”时，“从国家强弱而言，说到富国强兵、绝大多数人享有最大幸福的情况，则东方国家必居于西方国家之下。”[4] 不过他依然相信，“在远东建立一个新的文明国家，形成东有日本，西有英国，并驾齐驱的局面，这并非没有可能。于是我就有了第二个更大的愿望……”[5]

胸怀抱负的福泽谕吉是日本启蒙运动的焦点人物，并努力寻求日本富国强兵之途。他成了文明史学派的开山鼻祖之一，他“研究‘文明史’，主要目的就是从过去寻找关于文明本质的答案：文明到底是什么？又是怎样形成的？”[6] 他巨大的知名度和影响力在某种程度上来自他的著述对国家现实的把握，从

1　见福泽谕吉《文明论概略》第十章《论我国之独立》。

2　见福泽谕吉《文明论概略》第十章《论我国之独立》。

3　见福泽谕吉《文明论概略》第十章《论我国之独立》。

4　见《福翁自传》第十章《王政维新》之“教育方针注重数理和独立”。

5　见《福翁自传》第十五章《老年余生》之“经历变化多端”。译注：依据该节的上下文，福泽谕吉的第一大愿望是个人求得温饱（即个人独立），第二大愿望是推动国家的文明进步。

6　见卡门·布莱克《日本现代启蒙：福泽谕吉著作研究》第 93 页。

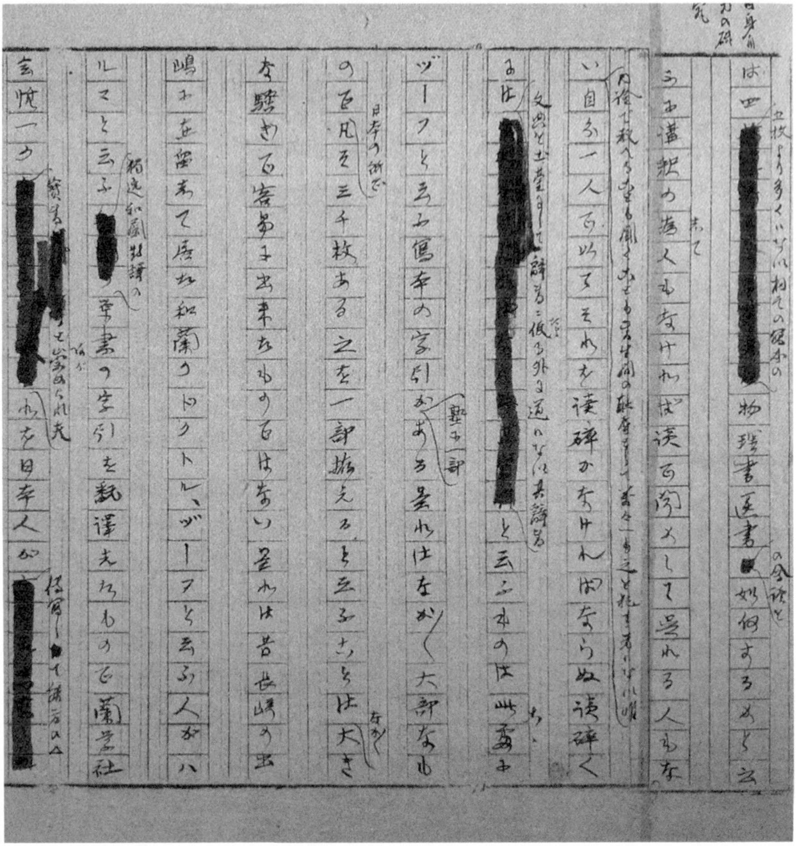

《福翁自传》原稿

而反映了当下的国民心态。“这种人心骚乱的具体表现，就是几年前的王政维新以及废藩置县，而且发展到如今依然没有停止。虽然兵马的骚乱在几年前就已平息，但人心的骚乱至今依然在日甚一日地发展着。这种骚乱是全国人民向文明进军的奋发精神，是人民不满足于我国的固有文明而要求汲取西洋文明的热情。因此，人民的理想是使我国的文明赶上或超过西洋文明的水平，而且不达目的誓不罢休。”[1]

为此，日本人仅仅引进技术是不够的，比如像中国人那样从西方购买武器，更重要的是要学习技术背后的本质或精神，并建立合适的体制结构，“这些人大概是看到英国拥有千艘军舰，便认为如果我们也有千艘军舰，就可以与英国抗衡；这种想法毕竟还是不了解事物间的适当配合。英国既然有千艘军舰，就必然要有万艘商船，有万艘商船必然要有十万海员，培养海员也不能没有学问，因此，学者也要多，商人也要多，法律也要完备，商业也要发达等等，举凡人类社会所需要的一切事物都完全具备，恰好能够适应千艘军舰的需要，所以才能拥有千艘军舰。”[2]

看来日本人具备迅速学习和运用制造工艺的能力，而不只是购买。福泽谕吉觉得以下这件事足以向世界夸耀——

嘉永六年（1853）日本人第一次看到轮船，安政二年（1855）在长崎开始向荷兰人学习航海，到安政六年（1859）冬学成即决定横渡大洋，

1　见福泽谕吉《文明论概略》之《绪言》。

2　见福泽谕吉《文明论概略》第十章《论我国之独立》。

换言之，第一次看到轮船才过六年，开始学习航海才过四年，日本人就于万延元年（1860）正月启航出海，而且坚决不假外人之手。[1]

但这还不够——

一国的文明程度不能从外表来衡量，所谓学校、工业、陆海军等等，都只是文明的外表，达到这种文明的外表，并非难事，只要用钱就可以买到。可是在这里还有一种无形的东西，眼睛看不到，耳朵听不到，既不能买卖，又不能借贷；它普遍存在于全国人民之中，作用很强。要是没有这种东西，国家的学校、工业、海陆军等等也就失去效用，真可以称之为“文明的精神”，它是一种极其伟大而又重要的东西。这究竟是什么呢？就是人民的独立精神。[2]

关键在于首先要改变制度和思想，物质的东西将随之而来。“人心有了改变，政令法律也有了改革，文明的基础才能建立起来，至于那些衣食住等有形物质，必将随自然的趋势，不招而至，不求而得。”[3]这种文明的“精神”须得国民理解，然后才能根植于日本，这是一项极为艰巨的任务，但他愿意为此奋力终生。

他想从西方引入的，不仅仅是技术，还有西方的“文明”，

1 见《福翁自传》第六章《初访美国》之“勇敢的日本人”。

2 见《劝学篇》第五篇《明治七年元旦献词》。

3 见福泽谕吉《文明论概略》第二章《以西洋文明为目标》。

这个核心概念他定义如下："怎样才能叫作文明呢？所谓文明是指人的身体安乐、道德高尚；或者指衣食富足、品质高贵而说的。"[1] 他首先通过书本的学习，然后到访欧美进行实地考察，从中了解到西方更多情况，因此认识到东西方文明差距之大，他深感困惑和好奇，"就国家来说可称作'国情'或'国论'。这就是所谓文明的精神。使欧亚两洲的情况相差悬殊的就是这个文明的精神。"[2]

福泽谕吉的著述是日本启蒙运动的一部分。启蒙即"开启民智"，其基础命题直接与欧洲的启蒙运动相关联，财富、自由、平等三者必有力结合。19 世纪日本的洋学者一致认为："西方国家富强的秘诀在于人民平等自由，人民因平等自由而充满了进取、创新和负责的精神，国家继而富强统一。"[3] 例如，"中村正直在译作《自助论》的前言中，大胆陈述西方国家之所以强大的理由，不在于他们拥有武备，而在于他们有自由的精神。"[4] 日本需要学习的是"使人民享受自由、平等的权利，从而焕发独立、创新、负责的精神……"[5]

对于福泽谕吉来说，关键问题就在于如何促进自由、平等。

1 见福泽谕吉《文明论概略》第三章《论文明的涵义》。

2 见福泽谕吉《文明论概略》第二章《以西洋文明为目标》。

3 见卡门・布莱克《日本现代启蒙：福泽谕吉著作研究》第 30 页。

4 见卡门・布莱克《日本现代启蒙：福泽谕吉著作研究》第 30 页。译注：中村正直（1832—1891），号敬宇，日本明治时期的启蒙思想家、教育家。《自助论》是其译著之一，英国作家萨缪尔・斯迈尔斯（1812—1904）原著，后改名为《西国立志编》。

5 见卡门・布莱克《日本现代启蒙：福泽谕吉著作研究》第 32 页。

他在明治维新前的个人经历使他对所需的巨大改变持有特别的洞见。有趣的是，在某种意义上，他的所有著作可被视为一部自传，记载着他冲破门阀制度的禁锢，争得自由平等的奋斗经历。

*

福泽谕吉在1875—1895年间明显地趋向于一种更为民族主义和沙文主义的立场。卡门·布莱克在某些细节上记述了福泽谕吉转变时期的观点。她引述了1878年福泽谕吉的一段文字："国际法和友好条约都有好听的名字，但除了外在的、名义上的形式，别无实质内容。事实上，国际关系的实质就是争权夺利……几门利炮即可抵上百卷国际法，一箱弹药比无数的友好条约都更有用。"[1] 次年他更进一步写道："一个国家之所以成功，不是因为站在正义的一边，而是因为成功了，正义就站在它的一边。"[2] 他认为这些东西毫无意义，但应该怎么做呢？"所有这一切既无用又无知，但当一个人被视为无知，他也应'以其人之道，还治其人之身'，以暴易暴，以牙还牙。"[3] 他问道："凡是欧洲人所到之处，当地人民能否保全本国的权利和利益，并真正保持本国独立呢？波斯、印度、暹逻、吕宋、爪哇又如何呢……所谓开化，究竟指的是什么呢？"[4]。他认为日

1 见卡门·布莱克《日本现代启蒙：福泽谕吉著作研究》第129页。

2 见卡门·布莱克《日本现代启蒙：福泽谕吉著作研究》第130页。

3 见卡门·布莱克《日本现代启蒙：福泽谕吉著作研究》第130页。

4 见卡门·布莱克《日本现代启蒙：福泽谕吉著作研究》第131页。译注：原文出自福泽谕吉《文明论概略》第十章《论我国之独立》。

本应该加入西方国家阵营，如列强般行事，1885 年他在《脱亚论》中写道：“当今之策，我国不应犹豫，与其坐等邻国的开明，共同振兴亚洲，不如脱离其行列，而与西洋文明国共进退。对待中国、朝鲜的方法，也不必因其为邻国而特别予以同情，只要模仿西洋人对他们的态度方式对付即可。”[1]

福泽谕吉也看到在日本的外国人非常蛮横：“他们吃霸王餐、坐霸王车，收了预付款不发货……不但掠夺财富，而且经常违法，行为不端。”[2] 卡门·布莱克注意到，早年赞同民主和国家平等、个人权利的福泽谕吉，有那么好几年几乎放弃了这些观念，变成了一个专横的民族主义者和准帝国主义者。福泽谕吉在 1882 年写道：“我的人生志向之一，就是增强日本的国力……即使成为一个专制国家，只要能使国家强大，我就得偿所愿。”[3] 这当然与他关于自由的言论相矛盾，如：“将人视为工具是一种侮辱，因为人的荣誉和尊严被漠视，致令生不如死。”[4] 但他显然已经有了改变，“福泽谕吉这段时期忽然赞同牺牲人民的权利以换取国力的强大，言论偏狭，那么他建议日本针对其他亚洲国家所采取的政策无疑就是帝国主义了。”[5] 正如他认为成为东亚的领袖是日本的责任，如有必要，侵略邻邦亦属正当。

艾尔伯特·克雷格的说法则更为有力：福泽谕吉在相当

1　见西川俊作《福泽谕吉》。

2　见卡门·布莱克《日本现代启蒙：福泽谕吉著作研究》第 132 页。

3　见卡门·布莱克《日本现代启蒙：福泽谕吉著作研究》第 134 页。

4　见《福泽谕吉论妇女》（英文）第 50 页。

5　见卡门·布莱克《日本现代启蒙：福泽谕吉著作研究》第 135 页。

长的一段时间里对国际法和天赋权利失去了信心。这样，“到1881年，福泽谕吉对自然法则的道德产生了更为深切的幻灭，他保留了文明国家这个宏大观念，但否认它的本质基础。”[1] 福泽谕吉多处有言：“法律为罪恶而制定，就如药物针对疾病，数百万年后，当疾病消除，人人健康，法律和药物也许要被废除。在此期间，谈论普遍的权利是徒劳，完全不值得。”[2] 他越来越愤世嫉俗，1881年他问——

> 国家之间……能遵守条约吗？这一点从未得到过有效证明……当某国违反条约……没有法庭来进行裁决。因此，条约无论遵守与否……唯一可赖的是国家的财力与军力……*金钱和军队不是用于保护现有法则，而是用于建立新法则*……依我看，西方国家……越来越善于运用坚船利炮。近年来，各国发明新奇武器，常备军日渐壮大。条约之事，实属徒劳，过于天真。若他国欲行不轨，我必以牙还牙；欲诉诸暴力，我必以暴制暴……国力即话语权。[3]

克雷格和布莱克一样，相信这一时期“福泽谕吉许多早年的自由思想已逐渐消失”，并证明同一时期“事实上天皇的精神力量或荒谬的武士道残余正在逆转”。[4] 尽管福泽谕吉仍然“赞成文化多样、政治多元”，他觉得“日本在其文明发展的现

1 见艾尔伯特·克雷格《明治时代民族主义的哲学奠基人福泽谕吉》第126页。

2 见艾尔伯特·克雷格《明治时代民族主义的哲学奠基人福泽谕吉》第126页。

3 见艾尔伯特·克雷格《明治时代民族主义的哲学奠基人福泽谕吉》第128—129页；文中斜体部分为克雷格所加。

4 见艾尔伯特·克雷格《明治时代民族主义的哲学奠基人福泽谕吉》第147页。

阶段，若无重大的内部干预，是难以处置这种状况的”。福泽谕吉预料，“在一个发展中国家立即实行宪政会在国家共识上引致暴力纷争，反过来摧毁宪政，带来独裁。”因此暂时来说，“只有天皇能够使日本强大和统一，向完全的宪政迈进。”在此时期，“福泽谕吉强调得更多的是责任而非权利，是科学而非自由。”[1]

西方的帝国主义和资本主义席卷亚洲，处于其迅猛发展之下的亚洲各国状况，触目惊心。福泽谕吉访欧途中“停靠香港、锡兰时，看到西方殖民统治下当地人民悲惨的生活。他意识到，西方所谓先进国家不过以‘强权即公理’来统治亚洲的贫苦国家。”[2]暂时来说，日本尚无抵抗被殖民的能力，但1895年日本取得甲午战争的胜利证明，它是做得到的。他写道——

> 其实甲午战争算不了什么，那只是日本外交的序幕，用不着那么高兴。但当时情绪高涨，犹如梦中……新日本的文明富强，都是先辈遗留的功德所致。[3]

克雷格认为，“战争的胜利使福泽谕吉不再担忧国家的前途，不再有必要提倡国家精神，警告人民居安思危……于是又开始讨论道德和宇宙的哲学问题，这本是他在19世纪70年代

1 见艾尔伯特·克雷格《明治时代民族主义的哲学奠基人福泽谕吉》第135页。

2 见《日本近代十大教育家》（*Ten Great Educators of Modern Japan*）日本学者安川寿之辅（1935年—？）之《福泽谕吉》。

3 见艾尔伯特·克雷格《明治时代民族主义的哲学奠基人福泽谕吉》第136页。译注：原文出自《福翁自传》第十五章《老年余生》之“经历变化多端”。

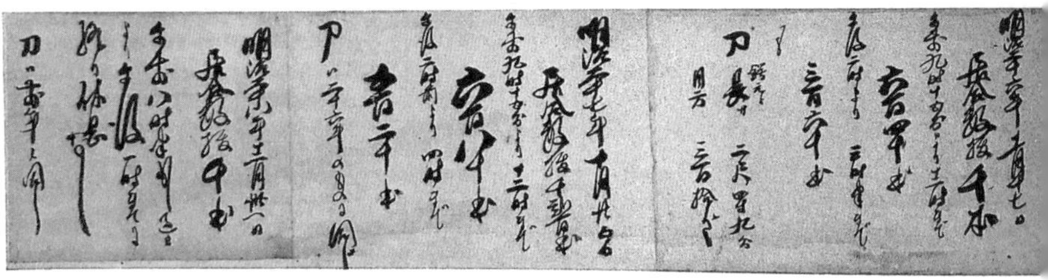

福泽谕吉遗物　居合刀及练习记录

之初就倾力关注的。”[1]

“文明”和政治独立显然是福泽谕吉思想中回避不了的问题，若他对西方列强的动机愤世嫉俗，并最终认为有关天赋人权和人类尊严的说教与他们的掠夺行为相悖，他是有充分理由警惕的。事实上，他的部分思想反映出他试图调和民主自由和*现实政治*的争端，而这种争端在今天同样是许多发展中国家面对的问题。

*

福泽谕吉的一生，自托克维尔《论美国的民主》诞生的1835年起，至马克斯·韦伯备受失眠折磨、事业中断的1901年止，历经两身两世。在海外游历中，他见证了东西方发展至19世纪50年代的巨大差距；在六七十年代，他见证了从幕府统治到明治维新的变革，比托克维尔所见的更伟大。西方过去两百多年的发展在日本十年间就走过了，他认识到核心的变革已然发生，也意识到他的任务就是去探求这个变革背后密切相关的诸多因素——即现代欧洲早期的科学、工业、经济和政治。因此他写道："试读西洋文明历史，从1600年到1800年的二百年间，其长足发展的情形，实足令人惊叹，简直令人想不到是同一个国家之历史。"[2]他继续强调："若究其进步的根源，

1 见艾尔伯特·克雷格《明治时代民族主义的哲学奠基人福泽谕吉》第136页。

2 见福泽谕吉《劝学篇》第九篇《分述两种学问的主旨——赠中津旧友》。

无非是古人的遗产、前辈的恩赐而已。”[1]这是日本发展的关键，已经存在了一千多年的伟大文明并非一无是处，新世界应该建立在过去的成就之上，包括帝国的传统和古老的武士道精神。

到了生命的最后，当福泽谕吉回顾过去，他的青春，他的欧美之旅，都已远去："回顾一生，已有六十多年光景。常言道：人生如梦。我的梦变化多端，热闹非凡。”[2]他觉得“没有遗憾，唯有愉快。”[3]

1　见福泽谕吉《劝学篇》第九篇《分述两种学问的主旨——赠中津旧友》。

2　见《福翁自传》第十五章《老年余生》之“经历变化多端”。

3　见《福翁自传》第十五章《老年余生》之“人的欲望无穷无尽”。

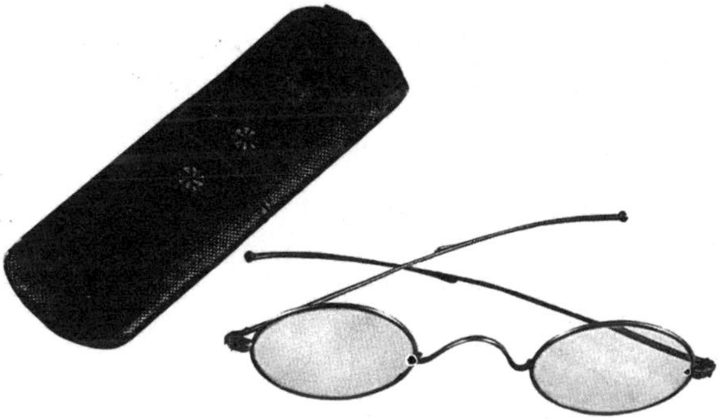

福泽谕吉遗物　眼镜

福泽谕吉遗物　墨

8 跨越语言的鸿沟

将新世界的美好事物带回来，不算太难，但将所见所闻转述清楚，使之明白无误并富有吸引力，这就不那么容易了。在这方面，福泽谕吉又有其杰出之处。像所有伟大的思想家一样，在著述方面他特别注重风格与修辞。孟德斯鸠无论撰述和重写都谨小慎微，亚当·斯密和托克维尔都追求简洁明了，写好之后会先给好友过目。对他们来说，获得广泛的理解尤其重要。福泽谕吉的做法和他们一样，以他的情况，也许更注重词句的推敲，因为他所面对的困难比起他的欧洲前辈大得多。

福泽谕吉的老师绪方洪庵先生早就提点过他。

那时，我正在学塾翻译荷兰人佩尔所著的筑城书。有一天先生告诉我，现在你所译的筑城书乃是一种兵书。兵书为“武家”所用，是为“武家”翻译的。因此，在文字上应该多加注意，万勿使用费解之词。因为日本国内“武家”虽多，但大抵都是不学无术之辈。对他们来说，费解之词实为禁物。要同样看待他们！你们年纪也轻，本来不是汉学先生，

《筑城书》

《筑城书》

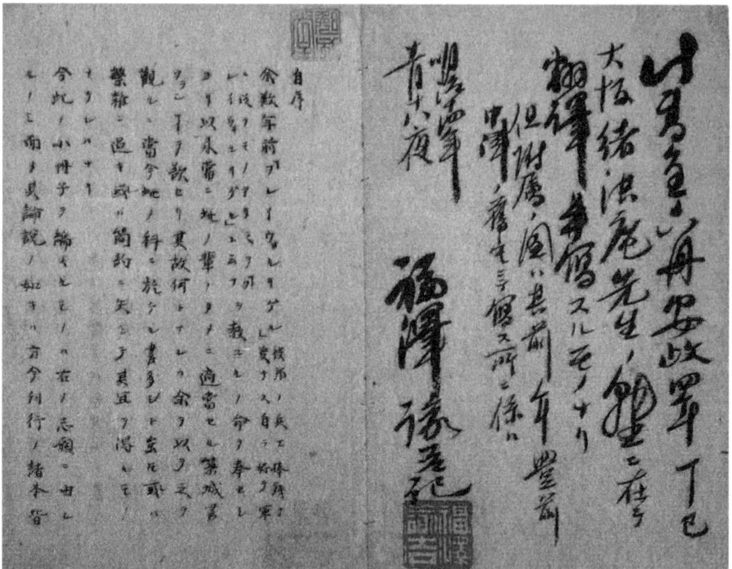

但在士族当中也可算是有知识的学者。因此，你们这些有知识的学者在翻译洋书时，如果使用难懂的词句，只会使读者迷惑不解。所以，翻译的文字应只限于你们所知道的，而特意追求字典上的词句则毫无用处，《玉篇》或《杂字类编》之类不可置于座右，因为这样会使你文章中出现难字、难句的可能。[1]

师嘱犹如父训，福泽一直铭记于心，不曾忘怀，“笔下一旦出现难解词句，就立即想起先生教诲，不惜加以修改。”[2]

于是他开始形成自己简单而直接的写作风格，要打破受过旧式汉学熏陶的知识界和受过良好教育但基本上只能讲日语的普罗大众之间的藩篱。对于要运用高深汉语来进行翻译——

……我认为这无论如何也不能适用于今天。因此便暗自设法，在汉文的汉字中插入“假名”，或把“俗文”中的“候”字去掉，两者都能在著译中使用，都能写成文章。但是，在汉文基础上写出的文章，就是加进一些“假名”，仍是汉文，仍然令人难以理解文意。反之，如果在“俗文”、俗语中去掉“候”字，则因其根本就是通俗文体，所以能够通用于民间。但是为了弥补“俗文”不足之处而使用汉文，那就非常便利，所以决不可以丢弃汉文。写文章时听其自然，不妨利用汉语词汇。俗文中插入汉语，汉语后面接以俗语，雅俗混杂一起，宛如冒犯汉文社会的圣地一样，使其文法紊乱，而此目的只在于利用通俗易懂的文章，以使广

1 见《福泽谕吉全集绪言》。译注：《玉篇》为中国南朝顾野所撰的声韵书；《杂字类编》为日本江户时代晚期的儒学家柴野栗山所编著。

2 见《福泽谕吉全集绪言》。

大民众普遍获得文明的新思想。[1]

他逐渐有意识地在著述上作出尝试，力免繁琐累赘，而且在出版之前并不是让博学大家先看。“说起著书翻译，那是出于我个人意志，既非受人指使，亦无与人商量，只是按自己的想法执笔，稿子也不会给当时的汉学家或我的洋学者朋友们过目，从不托人作序或题字。”[2]另一方面，他又真心希望自己的书能为普通读者所理解，于是，就像托克维尔逐字逐句念给父兄听一样，福泽谕吉把他的作品念给家里人听。“当时我曾对人谈过写书的目的，不仅要使未受过教育的农工商之辈能了解文明的新思想，而且要使乡下来的女仆隔着纸门也能听懂书中讲的是什么内容……因此，我的译著当然不会去请教汉学家们‘斧正’，而是叫我家里的女人和孩子读一下我的草稿，他们知道的词语不多，在他们难懂的地方……就加以改正。”[3]他的书受到日本数百万普通读者欢迎，行文简洁是主要原因之一。“我的文笔通俗易懂，社会上的评论久已肯定，笔者也自信不疑。”[4]西川俊作认为，“福泽谕吉在《劝学篇》以及其他著作、手稿中的文风，对日本而言是全新的。”[5]

1 见《福泽谕吉全集绪言》。译注：这里的“候”字，是指在日本使用的一种文言文句末惯用的助动词。这种变体文言文属变体汉文，被称为候文。

2 见《福翁自传》第十章《王政维新》之“著书翻译，一切独立”。

3 见《福泽谕吉全集绪言》。

4 见《福泽谕吉全集绪言》。

5 见西川俊作《福泽谕吉》。

福泽谕吉要跨越语言的鸿沟，他试图将整个西方新世界引介到日本，但当中充满了完全不同的概念，在日语中并无对等的用词，于是他不得不发明新词来应付这种情况，比如利润、人权等等。怎么办？“因此就模仿古人，也创造了不少日本所需的新词。例如英语的‘steam’，历来译成‘蒸汽’，可是我想是否能把它缩成一个字呢？”[1] 在这个过程中，他面对无数困难，那些他最为感兴趣的，西方独有的，属于日常生活细节的，描述重要机构特征的词语，却是最难翻译的，“然而，外文的一般词汇，凡事尽人皆知的，在字典上几乎都不加以注解，而这些词汇，正是我们日本人最不容易解释的。”[2] 同样困难的是要搬出日本的概念去理解他所翻译的东西。“另外，我还看到英文书中有‘direct tax, indirect tax’等语，一点也不懂。‘direct’是直达之意，带上“in”的前缀就表示不直达，这是很清楚的，但所谓直达税、不直达税又是什么意思呢？”[3]

有鉴于此，我们就不会奇怪为什么福泽谕吉的翻译很多情况下在某种程度上转换了意思。这通常都是经过深思熟虑的。在关于西方家庭生活的原著中，他读到夫妻关系是家庭的基础；但他翻译时，刻意改变为父母与孩子的关系[4]；另有一段原著是这样的：“从这些仅有的例子当中，能认识到政治经济学并不是一种人为的系统，而是对某种自然法如何起作用的一个解释，因此，这门学科的教师不会比地质学或医学的教师能解

1　见《福泽谕吉全集绪言》。译注：福泽谕吉后来用了一个“汽”字。

2　见《福泽谕吉全集绪言》。

3　见《福泽谕吉全集绪言》。译注：direct tax, indirect tax 即直接税、间接税。

4　译注：中村敏子教授为本书作者指出了这一点。

释得更清楚。"[1]而福泽谕吉的翻译是："经济学就其本质而言不是一套人为之法，既然经济学的目的在于解释随世界发展自然而生的自然法，对其（贸易或商业）原理进行明晰的解释就像地质学之于自然地理或病理学之于医药。"[2]很多时候，他在翻译上作了微妙的改变，意思上作了相当的转换。通过研究福泽谕吉以他的心灵透镜折射西方概念的途径，我们可以了解很多日本人的心态。

至于他实际上是如何著述的，我们可以在他的文字中发现一些线索。有一点是无疑的，他写得非常快！以至破了纪录——"无论主任还是雇员，都没停歇过。从译者开始写作直到几百套两卷本的《英国议事院谈》付印出版，只用了三十七天，是木刻印刷时代的新纪录。"[3]此外，"福泽老师去年 8 月中开始写《女大学评论》及《新女大学》，每天写一部分或两三部分，9 月 26 日就写完了……实际上只花了三十多天的时间。"[4]另一方面，《文明论概略》"尤其耗时和艰辛……从今天仍然保

1　见《政治经济学读本》（爱丁堡，1852 年）第 53—54 页。原文如下：*From these few examples, it is perceived that political economy is not an artificial system, but an explanation of the operation of certain natural laws. In explaining this system, the teacher is not more infallible than the teacher of geology or medicine.*

2　见艾尔伯特·克雷格《明治时代民族主义的哲学奠基人福泽谕吉》第 106 页及注解 10。

3　见《福泽谕吉全集绪言》。

4　见《福泽谕吉论妇女》（英文）第 170 页。译注：据庆应义塾大学档案，《女大学评论·新女大学》于明治三十二年即 1899 年 4 月 1 日—7 月 31 日在《时事新报》连载，同年 11 月印刷发行——与此处表述有所出入。

存的手稿上，我们可以看到此书的文字经过了反复修改。”[1]

福泽谕吉长期以来，随时随地记下他的所思所想，他写作速度之所以快，是因为他的著述常常是整理这些思想记录的结果，就像孟德斯鸠或托克维尔，勤于思考，然后形诸文字。

在繁忙中，他不时拿出贝原益轩所著的《女大学》阅读，并记下当时的想法，以备将来参考用。有时他忘记把书放在什么地方了，就重新买一本，据说已经换过两三本了，这说明老师对当前这个问题的关注由来已久。[2]

事实上，福泽谕吉的许多著作读起来就像是他在和读者交谈，如同讲述他自己的人生经历，几乎就是自传，这不禁又令人想起孟德斯鸠和托克维尔的风格，他们也和福泽谕吉一样，“这些思想，通过简单地组织日常用语来表达，或者本身就是实际生活的观察。”[3] 与孟德斯鸠和亚当·斯密不同的是，他重视自己亲自动笔，而不是口述给速记助理。生命临终前的患病期间，他的自传却通过口述来做，其后，“只要他有空，就尽力口述《女大学评论》……他觉得口述不适合，于是就认真写下他的看法……”[4]

1　见西川俊作《福泽谕吉》。

2　见《福泽谕吉论妇女》（英文）第171页。译注：贝原益轩（1630—1714），日本江户时代的儒学家，《女大学》为其所著的女训书。

3　见《福泽谕吉论妇女》（英文）第172页。

4　见《福泽谕吉论妇女》（英文）第171页。

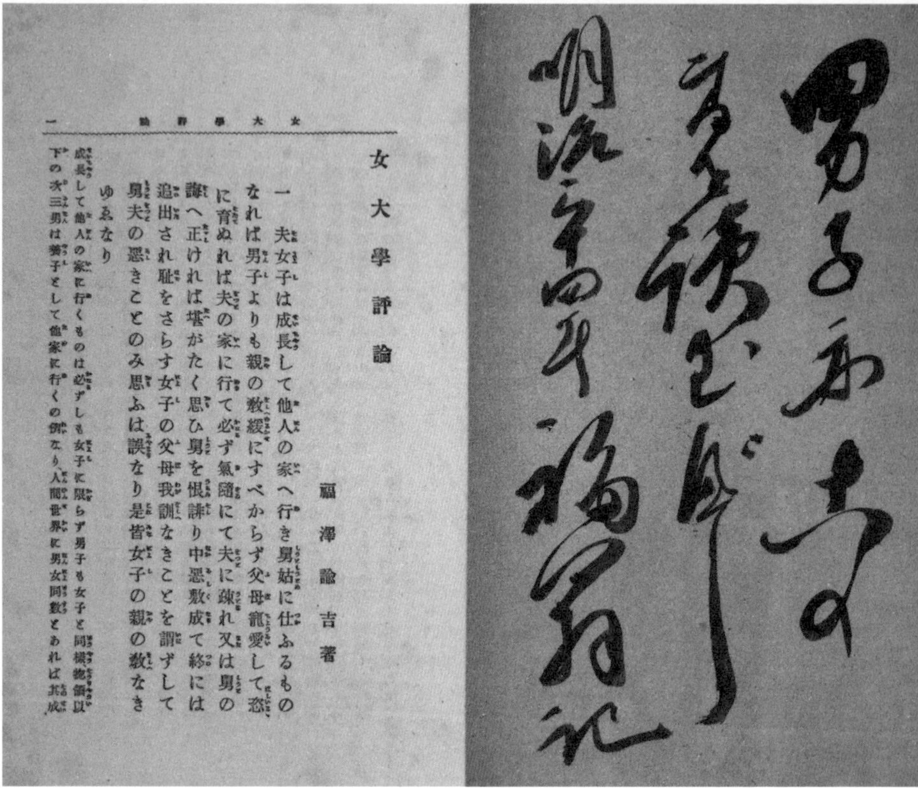

女大學評論　一

女大學評論

福澤諭吉著

一　夫女子は成長して他人の家へ行き舅姑に仕ふるものなれば男子よりも親の教緩にすべからず父母寵愛して恣に育ぬれば夫の家に行て必ず氣隨にて夫に疎れ又は舅の誨へ正ければ堪がたく思ひ舅を恨謗り中悪敷成て終には追出され耻をさらす女子の父母我訓なきことを謂ずして舅夫の悪きことのみ思ふは誤なり是皆女子の親の教なきゆゑなり

成長して他人の家に行くものは必ずしも女子に限らず男子も女子と同様、惣領以下の次三男は養子として他家に行くの例なり、人間世界に男女同數とあれば其成

《女大学评论》

至于他所思考的逻辑和因果的深奥难题，也是孟德斯鸠、亚当·斯密和托克维尔倾力钻研的，我未能在他的译著中发现特别新奇或原创之处，但他就像J·S·穆勒一样，非常熟悉当下社会学的、科学的解释逻辑，并将这些思想阐述给他的读者。“事物的动态，必定有它的原因，而且这个原因又可分为近因和远因两种，近因易见，远因难辨。近因的种类较多，而远因的种类较少。近因容易混淆视听，而远因一经查明，就确定不移。所以寻求原因的关键，在于从近因逐渐溯及远因。追溯得越远，原因的种类就越减少，并且可以用一种原因解释几种动态。”[1] 为说明如何追溯原因，他举出了生动的例子，比如，其中一个说，使水沸腾的近因是燃烧柴火，但深究其中，原来是氧气在起作用，这也是人类呼吸的原因。[2]

同样，他习得亨利·巴克尔等人的思想真髓，非常熟悉统计趋势理论，这种趋势就隐藏在日常生活中，成就了涂尔干（Émile Durkheim）关于自杀的研究。[3]“把社会上有关土地人口的多寡、物价工资的高低、婚姻、出生、疾病、死亡等数字，都统计出来制成表格，互相加以对照比较，即使是无从探索的社会问题，也可以一目了然。例如，据说在英国，每年结婚的人数，随着粮价的升降而有所增减，粮价上升，结婚人数减少；粮价下降，结婚人数就增多，从无例外……因此婚姻的近因就是……能够支配当事人的心愿、父母之命、媒妁之言以及

1　见福泽谕吉《文明论概略》第四章《论一国人民的智德》。

2　见福泽谕吉《文明论概略》第四章《论一国人民的智德》。

3　译注：爱米尔·涂尔干（1858—1917），法国社会学家、人类学家，曾研究自杀人群的特质，著有《自杀论》。

神灵的撮合，但……任意摆布地使婚姻成功或者破裂的只有米价，它是社会上最有决定力量的东西。”[1]他就是这样，善于在广泛领域运用社会学和科学的方法。

1　见福泽谕吉《文明论概略》第四章《论一国人民的智德》。

福泽谕吉遗物　常用餐具

9 文明开化可期

为明确日本在世界格局中所处的位置，以及如何进一步发展到一个更高级的“文明”，福泽谕吉运用了“阶段理论”。他认为，“文明并不是死的东西，而是不断变化发展着的。变化发展着的东西就必然要经过一定的顺序和阶段，即从野蛮进入半开化，从半开化进入文明。现在的文明也正在不断发展进步中。”他提醒读者，“现在的欧洲文明，仅仅是以现在人类的智慧所能达到的最高程度而已。”[1] 他的文明发展“阶段论”与亚当·斯密、卡姆斯（Henry Home, Lord Kames）、费格逊（Adam Ferguson）[2] 和其他苏格兰启蒙思想家所提出的相似，共同奠定了下一世纪人类学的基础。

1　见福泽谕吉《文明论概略》第二章《以西洋文明为目标》。

2　译注：卡姆斯勋爵亨利·霍姆（1696—1782），苏格兰律师、法官、哲学家、作家、农业改革家，苏格兰启蒙运动的核心人物。亚当·费格逊（1723—1781），苏格兰哲学家、历史学家，苏格兰启蒙运动人物之一。

我们知道，“早在1869年，福泽谕吉就将人类分为四个‘等级’，最低级者称‘混沌’，比如澳大利亚和新几内亚的土著，其上是‘野蛮’，比如蒙古和阿拉伯游牧民族；再上为‘未开’，比如中国人、土耳其人和波斯人；最高级为‘文明开化’，比如美国、英国、法国和德国等西方国家。”[1]这自然或多或少与通常的人类学对社会的四种划分相符：猎头族、部落、农耕和工业化城市，尽管这些用语被更有倾向性的“高级”“低级”所代替。

数年之后，他试图用一个“三阶段论”加以说明。原来，“他早已读过J·H·伯顿《政治经济学》第6—7页所讲的发展阶段理论，该理论将人类社会分为‘野蛮’‘半开化’和‘文明开化’三种类型。”[2]1876年，他把中国人和日本人列入半开化一类，“虽然它们文化兴盛，但对于大自然缺乏好奇心，没有创新意识，没有对既有风俗习惯进行批判和改善的能力。”[3]他又写道：“以现在的中国与西洋各国相比，不能不说中国是半开化。但是，把中国与南非各国相比，或取更近的例子来说，以日本近畿地方的人民与虾夷民族相比，那么，前者就可以称作文明了。”[4]

卡门·布莱克写道：“简言之，福泽谕吉相信，进步是一种‘自然规律’，人往高处走，他的本质如此，因此将自然地甚至无意识地随着状况的改变而趋于进步。这个进程在某个

1 见卡门·布莱克《日本现代启蒙：福泽谕吉著作研究》第146页注解15。

2 见西川俊作《福泽谕吉》注解26。

3 见卡门·布莱克《日本现代启蒙：福泽谕吉著作研究》第146页注解15。

4 见福泽谕吉《文明论概略》第二章《以西洋文明为目标》。

时期会遇上人为的阻力，但最终成为时代巨潮，荡涤一切障碍。”[1] 正因为如此，他极力鼓吹个人的权利和自由，并相信人将获得更大的自由；他和托克维尔所见略同，认为“仔细研究政治学就会发现，推动专制转变为自由的力量从未停息，就像江河奔腾而下，也许还有一时逆流，但也只是暂时的倒退。无可争辩的事实说明，古往今来万年长，王权终要让位于民主，暴政终要让位于自由”。[2] 他和托克维尔一样到过美国，并看到了富强、平等和自由的未来，因此不再心存疑虑。

福泽谕吉受到西方“辉格史”学派的影响，该学派认为人类文明总是在发展和进步的。“巴克尔的《英国文明史》和基佐的《英国文明通史》成书于 19 世纪下半叶的西欧，是极为乐观的实证主义学派的史学杰作……早年被翻译成日语，成为日本文明史学派手中的经典指引……”[3]

尽管从长远来看，历史是发展的，但在福泽谕吉看来，历史有时也会中断，就像德川幕府 250 年的统治。他也曾经产生过怀疑。如艾伯特·克雷格所指出，他在思想上有三个不同阶段。19 世纪 60 年代和 70 年代前半期，他认为历史的飞速发展是可能的；“1875 年，是福泽谕吉思想的一个转折点，他变得不那么确定，成了一个相对的温和主义者，将理想文明的实现寄望于数千年以后的未来。”[4] 随后从 1875 年起，至 1895 年止，大概有二十年的时间，对文明的到来存在怀疑，该时期正

1　见卡门·布莱克《日本现代启蒙：福泽谕吉著作研究》第 146 页。

2　见卡门·布莱克《日本现代启蒙：福泽谕吉著作研究》第 112 页。

3　见卡门·布莱克《日本现代启蒙：福泽谕吉著作研究》第 92—93 页。

4　见艾尔伯特·克雷格《明治时代民族主义的哲学奠基人福泽谕吉》第 124 页。

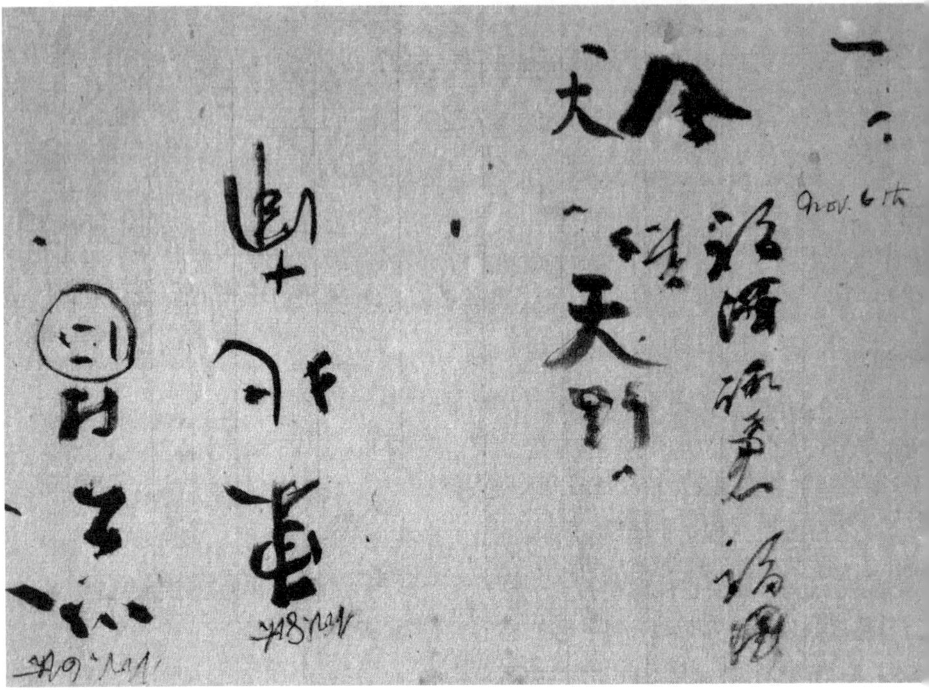

福泽谕吉病后手习（1898）

好是他的民族主义和对外扩张思想的发展阶段。之后他又恢复了极大的乐观，“福泽谕吉早期关于社会进步得益于自然秩序发展的‘启蒙’信念在某些方面复活了，他再次看到，日本在可预期的未来，能够取得趋向理想社会的进步。”[1]

无论理想文明的实现是远或近，福泽谕吉的主要任务就是分析其构成要素，了解像日本这样的国家如何能为己所用。这使他对西方文明作了最为深入的分析，当领悟到文明的秘诀原在于自由与平等，他仍然面临着这样的问题，即如何在体制机制上促进这些抽象美德的发展，这不是建立学校、发行报刊、开办大学等等就可以做得到的，这些肯定会有所帮助，但还需要更深入地抓住本质。为掌握解读西方文明的“精神”，福泽谕吉通过阅读和访问，考察了欧美社会各种不同的制度，写下许多富于洞见的文字。

1　见艾尔伯特·克雷格《明治时代民族主义的哲学奠基人福泽谕吉》第137页。

10 力量的制衡

福泽谕吉的理念出于基佐和穆勒的著作，他像孟德斯鸠一样相信权力必须分离并彼此制衡，若以家天下理论治国，将导致等级专制；若采用政教合一[1]，则会产生独裁。他举例说，“佛教虽盛，但是完全被收罗在政权之下，普照十方世界的，不是佛光，而是政权的威力。所以，寺院没有独立自主的教权。”[2]或者说，若经济活动与社会生活结合将导致停滞，公共生活介入私德将产生专制，它们应彼此分离，互不干涉。

对于各种力量的紧张对抗，他认为须有动态制衡，“西洋文明的特点……好像把金银铜铁等元素，熔化在一起，变成一种非金、非银，又非铜非铁的化合物，各种成分保持均衡，共

1　译注：福泽谕吉在《文明论概略》第二章《以西洋文明为目标》中，用“祭政一体”描述神权专制政府。

2　见福泽谕吉《文明论概略》第九章《日本文明的来源》。

同构成一个整体。”[1]那肯定有一场永不止息的竞争，没有一种力量会取得绝对胜利——

西洋文明的特点在于对人与人的交往问题看法不一，而且各种看法互相对立，互不协调。例如，有的主张政治专权，有的主张宗教专权，有的主张君主政治，有的主张神权政府，有的主张贵族执政，有的主张民主政治等等，众说纷纭，莫衷一是，自由争辩，胜负难分。由于长期形成对峙局面，即使彼此不服，也不得不同时并存。[2]

只要放纵的权力得以约束，社会的总体开放就能得以保证，“文明的自由，并不是用其他自由所能换取到的，只有允许享受各种权利，使能获得各种利益，容纳各家的意见，使各种力量得以发挥，彼此保持均衡，才存在这种自由。自由也可以说是从不自由当中孕育出来的。”[3]这里再次显示出福泽谕吉关于力量和观点保持动态平衡的思想。在健康的竞争中，百家得以争鸣，百花得以齐放，这就是西方文明的本质和秘诀。

既然同时并存，即便是互相敌对的，也不得不在互相了解对方的情况下，允许对方的活动。由于自己不能垄断一切，又不得不允许对方的活动，于是便各持其说，各行其是，为文明进步尽一分力量，最后将融

1 见福泽谕吉《文明论概略》第九章《日本文明的来源》。

2 见福泽谕吉《文明论概略》第八章《西洋文明的来源》。

3 见福泽谕吉《文明论概略》第九章《日本文明的来源》。

为一体。这就是产生自由民主的原因。[1]

他认为，一种权力的垄断，比如说世袭制，是一种“弊害”。“如果溯本穷源，完全是由于权力的偏重所致，也可以说是忽视事物第二步所贻留的弊害。所以，假使不察明这种弊害，清除这种偏重，无论处于乱世还是治世，文明都不会进步的。”[2]

尤其危险的是，这种偏重会导致中央集权专制。“这就是偏重的祸害，有权者应该引以为戒。”[3]权力必须受到限制。“在人与人的关系上，不论政府、人民、学者还是官吏等各种不同阶层，凡是拥有一定权力的，不管智力也好，膂力也好，只要叫做力量，就必须有一定的限度。”[4]如卡门・布莱克所总结的，福泽谕吉认为“政府与人民应各自保持独立的重要原因在于，两者之间的恰当平衡是文明进步的秘诀之一”，因此“福泽谕吉相信，日本没有重视这种平衡是最大的缺陷[5]。”他声称政府在机能上应受到严格限制，他赞同一百年前苏格兰启蒙前辈们所倡导的“自由主义国家论”（Night-watchman state），认

1 见福泽谕吉《文明论概略》第八章《西洋文明的来源》。

2 见福泽谕吉《文明论概略》第九章《日本文明的来源》。译注：福泽谕吉在该章提出：处理社会上一切事物时，在步骤上，都分为第一步和第二步。在处理第一个阶段，即迈第一步时，必须首先考虑到怎样适应第二步。因此，也可以说是第二步支配第一步。

3 见福泽谕吉《文明论概略》第九章《日本文明的来源》。

4 见福泽谕吉《文明论概略》第九章《日本文明的来源》。

5 见卡门・布莱克《日本现代启蒙：福泽谕吉著作研究》第 110 页。

为“政府不应侵犯私人领域，对宗教、办学、农业、商业的事务应不予干涉……”[1]

他意识到，提出权力的分离和制衡，与日本的儒学传统相抵触，而世袭制和政治忠诚通常有强烈的结合倾向，两方面都会走向独裁。“在亚洲各国，称国君为民之父母，称人民为臣子或赤子，称政府的工作为牧民之职……”[2] 整个门阀制度弥漫着屈从和傲慢的气息，这是他年轻时就注意到的——

譬如，有甲乙丙丁等十人，乙对甲卑躬屈膝，好像是受到不可忍受的耻辱，但乙对丙却趾高气扬不可一世。所以用后者的得意以补偿前者的耻辱，使其不满得到平衡。如此丙取偿于丁，丁又求之于戊，一环套一环无休无止。这恰如借钱给东邻而向西邻索还一样。[3]

因此，偏重之害影响到各种社会关系，不仅仅是政府权力。“根据以上的论述，爱弄权柄和由此造成的权力偏重，决不限于政府，而应当说这是全国人民的风气。这种风气，就是西洋各国和日本之间的最明显的差别，现在必须探讨其原因，但这并不是轻而易举的事。”[4]

1　见卡门·布莱克《日本现代启蒙：福泽谕吉著作研究》第 108 页。

2　见福泽谕吉《劝学篇》第十一篇《论名分产生伪君子》。

3　见福泽谕吉《文明论概略》第九章《日本文明的来源》。

4　见福泽谕吉《文明论概略》第九章《日本文明的来源》。

但与中国相比，日本的文明之路比较容易走。日本在过去若干个世纪里，政治上的实权和名义是分离的，将军成了实际的统治者，而天皇只是名义上的。福泽谕吉洞察到，这是使日本避免走向西方政教合一专制的关键所在，从而使自由得以立足。在传统中国，挑战社会或儒家任何的正统原则都会被视作不忠不孝的异端，而在日本，在政治上实权和名义之间，却能找到可行之道。

福泽谕吉相当详细地写出了他有趣的想法——

> 在人的心目中开始认识到至尊和至强的区别，恰如胸中容纳两种东西而任其自由活动一般。既然允许这两种东西自由活动，其中就不能不夹杂着另外一些道理。这样，尊崇神政的思想、武力压制的思想和两者夹杂着的道理，三种思想虽有强弱之分，但是任何一种思想都不能垄断，既然不能垄断，这时自然要产生一种自由的风气。[1]

“这样，至尊和至强的两种思想取得平衡，于是在这两种思想当中便留下了思考的余地，为真理的活动开辟了道路，这不能不说是我们日本的偶然幸运。”[2]

迈向文明开化，经济活动须从社会生活中分离。人类学家关于经济如何“嵌入”社会的著述颇多，无非是说，在大多数社会，不可能将经济活动与社会生活分开。卡尔·波兰尼（Karl Polanyi）认为，随着资本主义的崛起，18 世纪的英国

1　见福泽谕吉《文明论概略》第二章《以西洋文明为目标》。

2　见福泽谕吉《文明论概略》第二章《以西洋文明为目标》。

发生了“大转型”[1]；马克斯·韦伯和卡尔·马克思则认为，这种“大转型”发生在15、16世纪，不但起因于资本主义的崛起，也源于经济活动从社会活动中分离。[2]

在日本，武士道精神以做买卖为耻，士族不愿接触市场的等价物——金钱，总是担心与商人发生争执；若为他人出过力，宁可赢得世间好名声，也不愿接受应得的酬劳。福泽谕吉在自传中讲述了一个有趣的情形，来说明作为士族的一员，他自己是如何“脱离”经济活动的。

他回忆起十三四岁时帮母亲还钱，“（对方）几经推却，但我说这是尊奉母命，非偿还不可。双方互相推让、争执，好像吵嘴一样，最后我还是把钱放下才回来。”[3]福泽谕吉承认，“在大阪绪方塾求学时，仍然很怕处理金钱事务。”[4]他说，“因为自己无心做买卖和干些借贷之类的事，觉得这些事太讨厌而又麻烦，再者，自己又有旧士族的气概，深感贪利并非君子所为，因而觉得做买卖是可耻的。”[5]因此在他的生

1　见卡尔·波兰尼《大转型》。译注：卡尔·波兰尼（1886—1964），匈牙利裔奥地利经济史学家、经济人类学家、经济社会学家、政治经济学家、历史社会学家、社会哲学家。他认为欧洲出现的以市场为基础的社会形态是历史的偶然而非必然。

2　见本书作者另著《英国个人主义的起源》第二章《农民社会何时在英格兰终止：马克思、韦伯及诸史家》。马克思认为，（土地）保有权革命使得经济活动从社会生活中剥离出来，现代的、个人主义的财产法也逐渐发展。

3　见《福翁自传》第十三章《一身一家经济之由来》之“偿还互助会二铢钱”。

4　见《福翁自传》第十三章《一身一家经济之由来》之“绝不借钱”。

5　见《福翁自传》第十三章《一身一家经济之由来》之“不懂做买卖”。

活中，“我家里好像另一个世界，文明的金融法就没有传入我家。”[1] 福泽谕吉见证过门阀制度之害，经历过世间的冷暖，又受到过资本主义商业贸易和金钱观的冲击，这种个人经历使他获得了深刻的洞察力，能够看到充满活力的文明国家与停滞不前的日本之间差距很大，并致力缩小之。

有一件事值得一提，当时福泽谕吉开始阅读威廉和罗伯特·钱伯斯出版的《教育课程》，其中有一卷简单地介绍了西方的经济学原理。他回忆道："我读过钱伯斯的《经济论》后，在一次谈话中我顺便把这部有关经济方面的著作向‘御勘定方’的负责人，即相当于今天的‘大藏省’中身居要职的人物介绍了一下，对方非常高兴，并且希望能看到它的译本……"[2] 于是他就开始翻译了，后来编入了《西洋事情》的第二卷。当福泽谕吉开始翻译时，对于如何说明西方经济体系中“竞争”这个核心前提，真是难上加难。“在翻译过程中，遇到一个名词‘competition’，在汉文和日文中并无对应词语，很难恰当地表达出来，经反复推敲之后，遂译为‘竞争’。该书目录前后仅有二十条左右，译妥后即给对方看了一下。这个人看了之后虽然不住声地表示钦佩，但却对我说：‘啊，你看，这里有一个“争”字，令人觉得不妥。这到底是什么意思？’”[3] 资本主义市场中人人趋利的竞争性行为，与儒家天地人和的哲学之

1　见《福翁自传》第十三章《一身一家经济之由来》之“懒得把钱存银行”。

2　见《福翁自传》第十章《王政维新》之“幕府的攘夷主义”。

3　见《福翁自传》第十章《王政维新》之“幕府的攘夷主义”。

间，其冲突在此暴露无遗。[1]

福泽谕吉为他的翻译作了必要的辩解："你问这是什么意思，其实这并没有什么稀奇的。就像日本商人现在所做的一样，如果隔壁商店东西卖得便宜，那么自己也要降价出售。又如甲商若改良商品以求物美，乙商则比之提供更高质量的商品，以图招揽顾客。再如某钱庄若降低贷款利息的话，则其他钱庄也跟着这样做，以便使自己的生意兴隆起来。他们在这样彼此竞争之下来确定物价、规定利息，因此把这种情况称之为'竞争'……这是商家的根本。"[2] 他知道这不过说出了事实的一半，也意识到日本和西方有着根本的区别，但还是坚持认为，不但商人，甚至所有人，都要学会接受西方资本主义中残酷的竞争。"我看他……似乎想在论述经济的书中看到关于人们互相礼让的描述，例如讲一些做买卖也要忠君爱国，并且为了国家即便白送商品也可以的话，那才觉得满意。可是这不可能。于是我想了一个办法：'如果这个"争"字实在有所妨碍，那就干脆把它删掉，因为无法找到其他恰当的字眼。'"[3]

福泽谕吉注意到一个奇特的悖论，这个悖论也曾引起启蒙先辈们的关注。当西方社会被狭隘的、反社会的和自私贪婪的行为所驱动时，其结果却是公共福祉、诚信和私德的提高；而

1　见匈牙利犹太裔英国作家阿瑟·库斯勒（Arthur Koestler，1905—1983）《莲花与机器人》（*The Lotus and the Robot*）第221页注解。

2　见《福翁自传》第十章《王政维新》之"幕府的攘夷主义"。

3　见《福翁自传》第十章《王政维新》之"幕府的攘夷主义"。

当他的日本同代儒学家赞同仁者思想、推动和谐仁爱时，其结果却是诚信的缺乏和不道德行为的泛滥。他对此差别作了精彩的评述："并不是西洋人心诚实、日本人心不诚实，而是西洋人企图扩大商业范围，以获得长远的高额利润；如果不诚实，恐怕影响日后交易，而自己堵塞了利润的来源，所以不得不诚实。这不是由衷的诚实，而是算盘上的诚实。换言之，就是日本人的气魄小而西洋人的气魄大。"[1] 日本商人却和中国商人一样不被信任，"与此相反，西洋各国的商人，交易可靠，童叟无欺。例如出示一寸见方的样品，然后出售几万匹的布，从来没有与样品不符的。买主也不必一一开箱检查，便可安心收货。"[2] 这的确是一个奇特的悖论。福泽谕吉注意到，不断增长的财富能令个人道德得以提升。"英法及其他各国的中产阶级，逐渐富裕起来，品行也随之提高……"[3]

福泽谕吉认识到，为增加经济活动中的"理性"，交易行为必须从社会关系中分离，正像为了取得"理性的"社会关系，一个人必须将政治与其血缘脱离关系。他也认为，为获得"理性"的科学成果，必须接受事实与价值、人类与自然、精神与肉体的分离。我们知道，日本的儒学家"认为西方科学用物理定律解释世间一切，视自然为没有生命的机械之物，

1　见福泽谕吉《文明论概略》第七章《论智德的时间性和空间性》。

2　见福泽谕吉《文明论概略》第七章《论智德的时间性和空间性》。译注：原著该段上下文并未将日本人与中国人进行比较。

3　见福泽谕吉《文明论概略》第九章《日本文明的来源》。

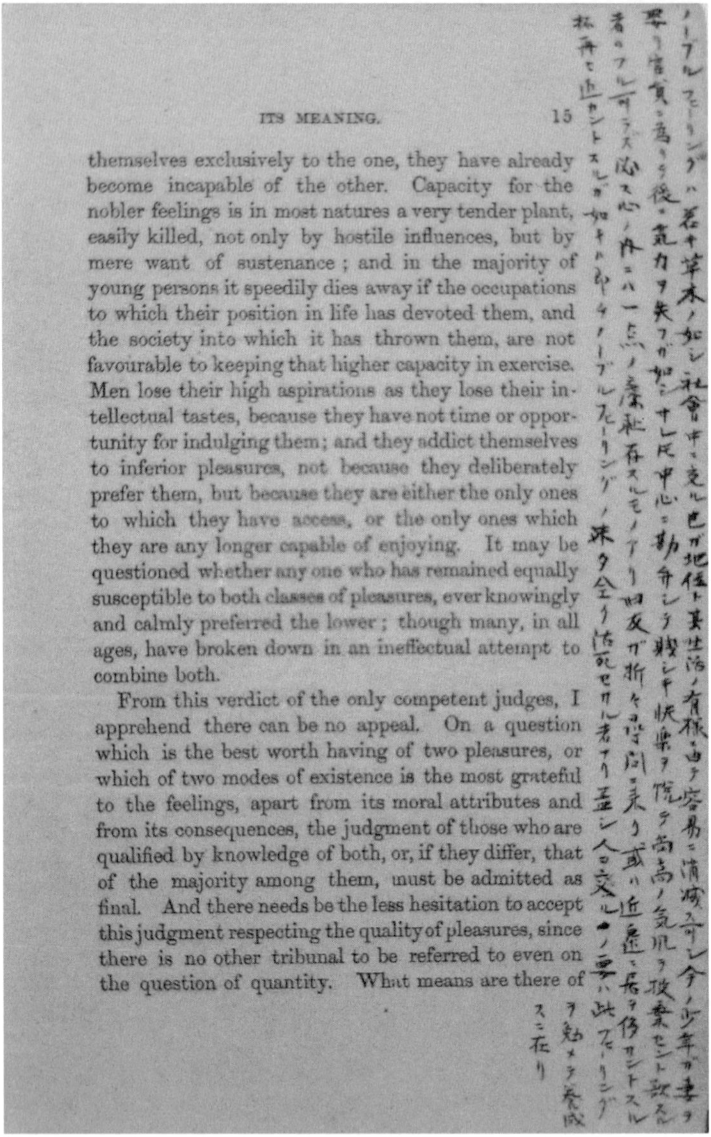

ITS MEANING. 15

themselves exclusively to the one, they have already become incapable of the other. Capacity for the nobler feelings is in most natures a very tender plant, easily killed, not only by hostile influences, but by mere want of sustenance; and in the majority of young persons it speedily dies away if the occupations to which their position in life has devoted them, and the society into which it has thrown them, are not favourable to keeping that higher capacity in exercise. Men lose their high aspirations as they lose their intellectual tastes, because they have not time or opportunity for indulging them; and they addict themselves to inferior pleasures, not because they deliberately prefer them, but because they are either the only ones to which they have access, or the only ones which they are any longer capable of enjoying. It may be questioned whether any one who has remained equally susceptible to both classes of pleasures, ever knowingly and calmly preferred the lower; though many, in all ages, have broken down in an ineffectual attempt to combine both.

From this verdict of the only competent judges, I apprehend there can be no appeal. On a question which is the best worth having of two pleasures, or which of two modes of existence is the most grateful to the feelings, apart from its moral attributes and from its consequences, the judgment of those who are qualified by knowledge of both, or, if they differ, that of the majority among them, must be admitted as final. And there needs be the less hesitation to accept this judgment respecting the quality of pleasures, since there is no other tribunal to be referred to even on the question of quantity. What means are there of

福泽谕吉读书笔记

与人毫不相干，因此破坏了宇宙的和谐。”[1]可见，福泽谕吉要在以天人合一为其核心哲学的儒家社会实践他提出的观念，是非常困难的。

1　见卡门·布莱克《日本现代启蒙：福泽谕吉著作研究》第49页，同时参见第87页。

11 自由与平等

如我们所见，福泽谕吉生于一个极力抑制个人“私欲”的体系。在他看来，日本社会的基本元素不是个人，而是宗族，是“家户”，他描述道：“我国人民长期遭受专制暴政的压迫，门阀成了他们发号施令的资本，即使才华过人，如果不依靠门阀就不能施展其才能，也不能有所作为。在当时由于被这种势力所压制，全国已经找不到可以发挥智力的余地，一切事物都陷于停滞不前的状态。”[1] 换句话说，“当时的社会情况和人民的活动，就好像日本全国几千万人民，被分别关在几千万个笼子里，或被几千万道墙壁隔绝开一样，简直是寸步难移。”[2] 在日本，“人们在交往中不论贫富强弱，也不问智愚贤不肖，只是根据他的地位，或对人轻蔑或对人恐惧，毫无活泼气象——”这种特点尤其与他在欧美所见的相反，“西洋人的独立与我们

1　见福泽谕吉《文明论概略》第五章《续前论》。

2　见福泽谕吉《文明论概略》第九章《日本文明的来源》。

固守自家门墙的日本人相比，不啻霄壤之别。”[1]

他阅读过基佐、J·S·穆勒和其他人的著作后得出结论，这种差别由来已久。西方的个人主义及其自由根植于罗马衰落之后的动乱时期，其时“主张个人自由和发展个性的风气，是野蛮的日耳曼人创始的”。[2]假如这是人心所向的，那么“日本这时的情况和罗马末期北狄入侵时期的情况相比，虽然文明程度有先进与落后之不同，但确实相像。在这种时势下，日本的武人应该自然产生独立自主的精神，像日耳曼野蛮民族所遗留下独立自由的精神那样，我国人民的风气应该发生一场变化。”[3]但作为士族的一员，他知道实情尚未如此。“这个时代的武人，虽然好像是豪迈不羁，但是这种豪迈不羁的气概，既不是出于本身的慷慨，也不是出于自以为是个男子汉，目空一切，要求个人自由的心情。不是由于受到外界的引诱，就是借外界的力量而产生的。”[4]他进一步指出：“亚洲各国……如印度的等级制度（种姓），按人的身份划分高低尊卑造成一种不平等的局面，使利害得失互不相干，彼此之间自然就没有任何感情。并且，暴虐的政府还特别制订了禁止结党的法律，阻止人民聚议，人民也只抱着但求平安无事的心情，没有勇气去争辩结党与聚议的区别，一切只知听从政府，不关心国事。”[5]福泽谕吉的大部分著述聚焦于他自身和日本人民的解放，因为他

1　见福泽谕吉《文明论概略》第九章《日本文明的来源》。

2　见福泽谕吉《文明论概略》第八章《西洋文明的来源》。

3　见福泽谕吉《文明论概略》第九章《日本文明的来源》。

4　见福泽谕吉《文明论概略》第九章《日本文明的来源》。

5　见福泽谕吉《文明论概略》第五章《续前论》。

相信，“人们自降生到自然界以来，本来不受任何拘束。生为一个男人就是男人，生为一个女人就是女人，并且是自由自在的。”[1]

作为穆勒的追随者，福泽谕吉承继了孟德斯鸠和托克维尔的传统，提出个人应在免于外部压力的情况下拥有自由的权利——这是西方思想的核心。他主张“每个人应得到他的个人自由，社会不应该窥探独立个人的私隐，因为这是不适当的”。[2] 当提及“人”的时候，他意指人类，而非仅指男人。他以下陈述自由观点的文字，和穆勒类似，他说：“我们做人的道理，就在于不妨害他人的权利，自由自在地运用自己的身体。至于行其所好，忍其所欲，或事劳动，或事嬉游，或为此事，或务彼业，或则昼夜用功，或则懒散无为，终日蜷伏安寝，因与他人不发生关系，也就没有从旁议论其是非的理由。”[3]

像所有其他为此深入思考的人一样，福泽谕吉认识到自由和平等密不可分。一个人不可能只有其一，而无其二，当一个人的言行举止须随周遭变化而定的时候，两者之间的联系就显而易见了。在一段有趣的文字中，他指出西方社会结构稳固，而在日本，则要视权位高低而定——

1　见福泽谕吉《劝学篇》第一篇《学问的旨趣》。

2　见《福泽谕吉论妇女》（英文）第 101 页。

3　见福泽谕吉《劝学篇》第八篇《勿以自己的意志强制他人》。

如果以物质作比喻，西洋人的权力就像铁，既难使它膨胀，也难使它收缩；而日本武人的权力，则好像橡胶，其胀缩的情形随着接触物的不同而不同，对下则大肆膨胀，对上则立时收缩。把这种偏轻和偏重的权力，集成一个整体，就叫作武人的威风……[1]

他指出了欧美和日本之间的异同，他发现“西洋各国的人民，也有贫富强弱的不同，富强的对待贫弱也可能有刻薄残忍的或傲慢无礼的，贫弱的为了名利也可能有谄谀他人或欺骗他人的行为，他们相互间存在的丑恶情况，也与我们日本人无异，甚至有甚于日本人的。”[2] 但这种表面看来很不堪的情况也是有所不同的，因为“即使他们有这种丑恶的表现，每人还保持着个人的思想，并不妨碍精神的爽朗。其刻薄傲慢，只是因为富强而不是另有所恃。其谄谀欺诈，也只是因为贫弱而不是另有所惧。同时，富强和贫弱都不是天生的，是人的智力可争取到的。”[3]

他看到了法理上的平等和实际的平等其实不同，因此他认为改变法律只是促进平等的途径之一，不过他乐观地写道：“王政维新强力推行变革，门阀制度一朝崩塌。自那时起，社会上人人平等，大名、陪臣、武士、农民、手工艺人、商人无分高低贵贱，皆可通婚，现在一个大人物可以公开地迎娶小商

1 见福泽谕吉《文明论概略》第九章《日本文明的来源》。

2 见福泽谕吉《文明论概略》第九章《日本文明的来源》。

3 见福泽谕吉《文明论概略》第九章《日本文明的来源》。

人或一个耕地农民的女儿。”[1]但人民实际上奴性依旧，滞后于变革。“自明治维新起，宣告人人平等，农商得益，但他们仍如以往，凡事屈从。从旧入新，何其难也。”[2]

关于导致不平等的门阀制度，福泽谕吉在著述中有清晰的描写，他一生都在反抗这种制度。为测试由于出身不同而留下的影响，这些影响又如何通过言行举止反映出来，他曾在游玩的路上，用不同的语气对路人进行问询——“……接着，我又假装蛮横对下一个人进行试探，再来一个时我又客客气气。这样，不管遇到的人外貌如何，我都一个个询问，或者蛮横，或者客气。这样大概走了三里远，结果不出所料，因此我心里感到非常失望。这些人真没办法，全是软起来真软，横起来真横，全看别人的态度来决定自己的态度……”[3]而他自己，不愿耀武扬威，侧脸看人——“我从小就没直接叫过别人的名字，除车夫、马夫、脚夫、小商小贩之类的下层社会人物之外，对那些只要是会说话的人，我向来没说过非礼的话。对青年学生不消说了，就是对待家里的孩子也不直接叫他们的名字。”[4]

他对门阀制度进行抨击，因为这“与传统政治哲学最基本的假设之一相矛盾。迄今人们普遍认为，人非生而平等，出身决定贵贱。”[5]福泽谕吉选择了反抗。

1　见《福泽谕吉论妇女》（英文）第81—82页。

2　见《福泽谕吉论妇女》（英文）第30页。

3　见《福翁自传》第十二章《杂记》之“试探路人态度之软硬”。

4　见《福翁自传》第十章《王政维新》之“幕府的攘夷主义”。

5　见卡门·布莱克《日本现代启蒙：福泽谕吉著作研究》第101页。

在《劝学篇》开篇第一句，他就像卢梭一样，革命性地宣告人的平等权利——“天不生人上之人，也不生人下之人”。[1] 他接着解释：“我在第一篇开首就曾说过：人生来就是一律平等、自由自在和没有上下之别的。今再引申其意，加以阐述：人的出生是天之使然，而非由于人力。”[2] 他通过解释内在的法理上的平等和和现实中的不平等的区别。“如就人与人之间的均衡一致而论，我们不能不说人与人是平等的。但是这种平等并不是现实情况上的平等，而是指基本权利上的平等。”[3] 不管是一个贫苦的农民，还是一个身居高位的大名，“他们虽有所谓天壤之别，但从另一角度，就这些人的基本权利而论，则是完全平等、毫无区别的。所谓基本权利，就是人人重视其生命、维护其财产和珍视名誉。”[4] 由财富而非出身带来的优势只是暂时的、相对的。“假使向西洋的贫民询问这个问题，他们在口头上虽然不能说，但在内心里会这样回答：因为我穷所以才服从富人，只是在贫穷的状况下才受他们的控制，我的服从将随着贫穷的消失而消失，他的控制也将随着富贵的消失而消失。”[5]

这种革命性的思想在日语中找不到对应的词语表达。“构成福泽谕吉整个哲学基础的一个原则是独立自尊，这是他杜撰的一个混合词。”对 19 世纪的日本人来说，“独立自尊是一个

1 见福泽谕吉《劝学篇》第一篇《学问的旨趣》。

2 见福泽谕吉《劝学篇》第二篇《论人与人平等》。

3 见福泽谕吉《劝学篇》第二篇《论人与人平等》。

4 见福泽谕吉《劝学篇》第二篇《论人与人平等》。

5 见福泽谕吉《文明论概略》第九章《日本文明的来源》。

具有冲击力的革命性的西方观念，将削弱整个儒家社会的伦理。而多个世纪以来，这种伦理构建了日本社会严格的上下尊卑，并且仍具凝聚力。”[1]

1　见《福泽谕吉演说集》（英文）第72页。日文中“独立自尊”一词直接使用汉字。

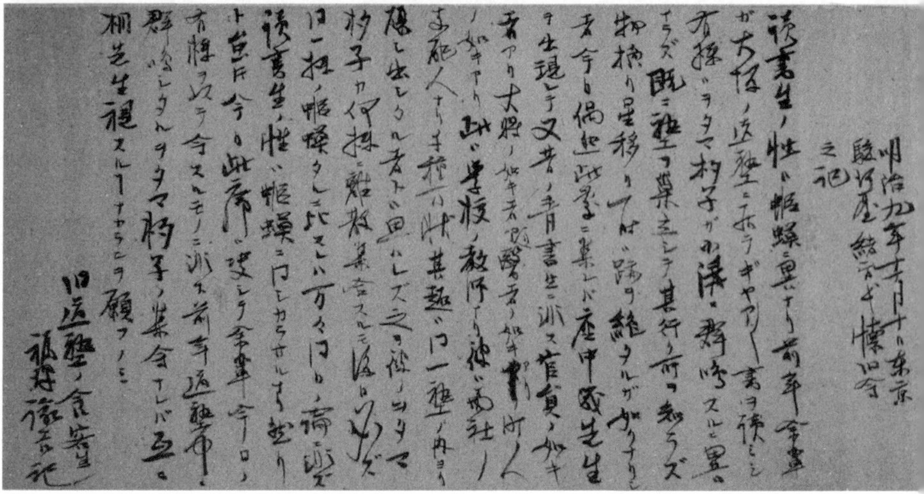

福泽谕吉“绪方氏怀旧会之记”

12 家庭伦理中的性别关系

福泽谕吉的思想应用于日本家庭，尤其是男女之间的关系时，特别具有革命性。他终生都把男女是否平等作为关注重点，因为他意识到，性别关系既能反映也会影响到其他社会关系。他之所以对此有兴趣，观念超前，部分原因来自他那不平凡的母亲，如我们前述，其思想独立，待人平等，对福泽谕吉产生了影响，使他自早年起，直至临终前，对这个话题一直保持着关注。我们知道“福泽谕吉关于妇女的思想可追溯到他 25 岁第一次到江户的时候，他在《女大学》的页边记满了批判性的想法。到最后，因中风跌倒而昏迷的弥留之际，他对日本妇女的权益仍念念不忘”[1]。

他早期对妇女的关注在三次到访西方之后得到极大的增强。令他惊讶的是，“在西方文明国家，大部分社交活动由女性主持，即便她们不参与社会管理，也与男人一道协同工作，使事

1 见《福泽谕吉论妇女》(英文)第 10 页。

情顺利进行。”[1]尤其在美国，他认为简直是“女尊男卑”[2]。以亚洲的标准来看，她们太过自由，与男人太过平等了。“以中国的伦理标准衡量，西方男女的言行极为粗鲁，完全无礼，举止无度。他们居然一起谈话，一起说笑，虽然还没到一起洗澡的地步，却同桌吃饭，彼此直接授受，见面还要握手——他们认为这是应有的礼仪。”[3]看到极端的情形，福泽谕吉的确有点震惊——“在西方，女性的行为有时会失控，她们瞧不起男人；她们头脑灵活，但也许心思不正，个人行为放荡；她们或会疏于照顾家庭，而像蝴蝶一样在社交圈子飞来扑去。这并非日本妇女学习的榜样。”[4]

福泽谕吉不但有自己的观察，他也从阅读中，包括从J·S·穆勒的著作中了解到家庭成员平等相处所带来的活力。例如，钱伯斯《教育课程》中有一段关于家庭伦理的文字，描述了一个有情有爱的西方家庭应有的样子。他这样转述给日本读者——

夫妻、长幼同居一屋，谓之家庭，家庭成员之间以情感相维系。家中之物无定主，授受无常规，失之不足惜，得之不足喜；彼此不拘礼节，若有不当亦不觉难堪。夫妻同喜，长幼同乐，痛苦亦感同身受。[5]

1　见《福泽谕吉论妇女》（英文）第117页。

2　见《福翁自传》第六章《初访美国》之“女尊男卑”。

3　见《福泽谕吉论妇女》（英文）第177页。提到共浴，这明显是暗示日本男女同在公共浴场或温泉洗浴的普遍习俗。

4　见《福泽谕吉论妇女》（英文）第35页。

5　见福泽谕吉《文明论概略》第七章《论智德的时间性和空间性》。

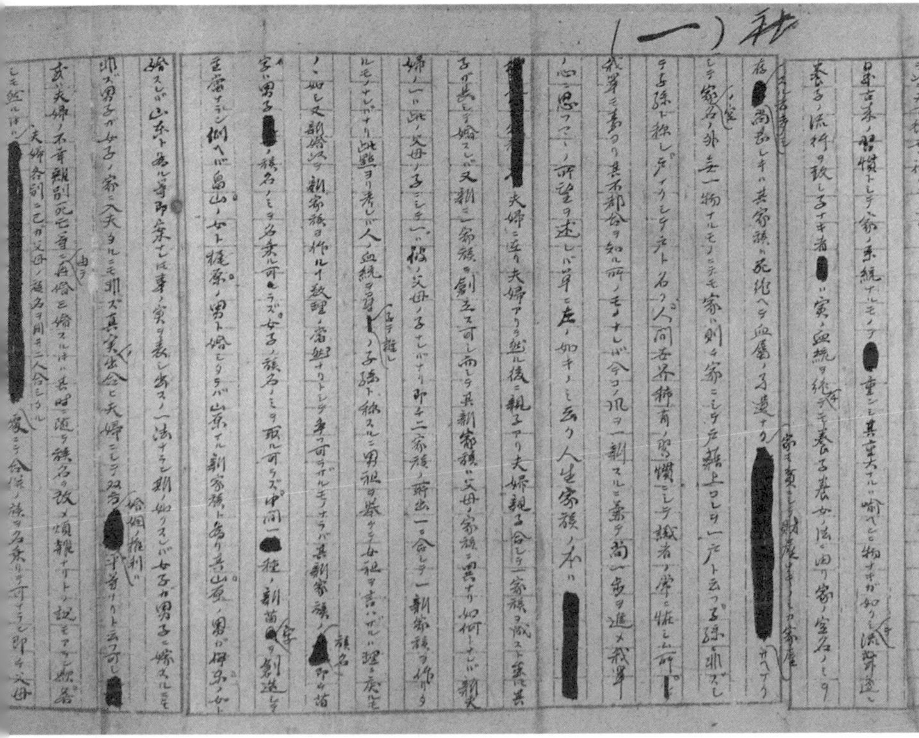

福泽谕吉《日本妇人论》原稿

他是这样想，也是这样做的——“我们父母子女之间唯重亲情，不论到多大年纪，都是如此，不许彼此强词夺理。这一点我和妻子的主张完全相同。”[1]他既有一个“文明”家庭的明确标准，便努力付诸实践，“使日本女性像西方女性那样成长，这是她们跨向文明的第一步。”[2]

大体上，他相信性别之间天然平等。“男女身体结构、心智运用上无大异，彼此是平等的生命，这是无可争辩的事实。”[3]因此他倡导平等对待男孩、女孩——“当一个女孩出生后，爱护她，照料她，就跟男孩一样，不能因为她是女孩而疏忽大意。等她长大了，就要关注她的身心发展，在学校或其他方面的教育上，不能因为她的性别而歧视她。”[4]同时他也倡导婚姻关系中的平等——“女人不但可以管理家产，对恋爱问题也有发言权，不管这些事属于自己的还是家里的；若夫妻之间能坦诚沟通，即使丈夫不幸早逝，家庭管理也不至于完全陷入崩溃。”[5]

在19世纪晚期的日本，这些观点无疑是革命性的、不同寻常的。福泽谕吉在日本看到许多妇女的实际地位与他在西方看到的相去甚远，与他所期待的理想状态截然相反，可见他义愤难当之情形，亦见其推动平等之艰巨。

1 见《福翁自传》第十四章《品行家风》之“三百几十封信”。

2 见《福泽谕吉论妇女》（英文）第14页。

3 见《福泽谕吉论妇女》（英文）第39页。

4 见《福泽谕吉论妇女》（英文）第61页。

5 见《福泽谕吉论妇女》（英文）第60页。

日本妇女不能自主，“她们只能完全依靠别人，如俗语所说的，‘女人居无屋’。一个女人幼小从父，居所是父亲的；出嫁从夫，居所是丈夫的；老来从子，居所是儿子的。所有的家庭财产属于丈夫，女人不过被允许得其福荫一二而已。”[1] 总之，“我国的妇女在家庭内外不能自主，地位极低。”[2] 她们的存在是因为男人，“换言之，女人生死全在男人仁慈与否，她们的安危与命运为男人所掌控。”[3] 她们的一生就是不断服侍男人，“生命没有意义，不过是一连串的劳役，年轻时在家孝敬父母，出嫁后侍奉丈夫和公婆，有孩子后又要忙碌地照应下一代，以及一切起居饮食。”[4] 她们束手被困—— “这就是我们社会的实际情形，女人受到的限制越来越多，交往的范围越来越小，最后变成了笼中鸟。”[5]

福泽谕吉在著述中引用了外界——尤其是了解情况的美国妇女——对日本的批评，其中一位到访者流着泪，咬着牙说：“日本女性命运悲惨，生不如死，令人难过，令人同情。我们美国人对此不会袖手旁观，愿甘冒生命之险而奋起。日本和美国是两个不同的国家，但两国的女性既同为人类，即等同姊妹。我们美国妇女一定要努力摧毁那邪恶的风俗。”[6] 他无疑认同这样的批评，并写道：“当状况为世人所知，西方女士们又眼见

1　见《福泽谕吉论妇女》（英文）第 9 页。

2　见《福泽谕吉论妇女》（英文）第 11 页。

3　见《福泽谕吉论妇女》（英文）第 11 页。

4　见《福泽谕吉论妇女》（英文）第 18 页。

5　见《福泽谕吉论妇女》（英文）第 157 页。

6　见《福泽谕吉论妇女》（英文）第 199—200 页。

为实，将谴责日本确为女性的人间地狱。”[1]

福泽谕吉在指出日本女性的现实和理想之间的巨大落差之后，接着对女性之所以卑微、屈从的原因进行了分析。

他提出了两个论点来说明当前的情况。

其一，他归咎于长久以来，是封建的政治伦理制度和强大的宗族关系导致了妇女的不平等。就政治方面而言，“在过去封建时代，整个社会制度，从政府到生活各方面，都建立在威权之上，总体上自然影响到性别之间的地位，使得男人就像主人，女人就像奴仆。”[2]这样的政治体系，他认为与既有的强大宗族密切相关，因以父系为宗，财产为男人所掌握。“这种封建时代的旧习强调家庭的宗族关系高于一切，必须维持男性成员的地位，从而轻视了女性成员的存在——从现在起，这种旧习不能再延续下去了。”[3]奇怪的是，“从远古时代起，在我们社会已经存在的所谓家庭，不过一直由男性主导。”[4]这种以男性为宗血统论已经到了必须摒弃的时候。

男人不应再独占宗族的财产。就目前的状况来看，他认为“在日本，依然是‘女人居无屋’，其结果自然是女人没有自己的财产”。[5]的确，没有“财产”，或没有财产的支配权，所导致的就远不止是“居无屋”。“在家，没有自己的财产，在社会上就不能期待拥有重要的地位，居所是男人的居所，孩子是丈

1　见《福泽谕吉论妇女》（英文）第57页。

2　见《福泽谕吉论妇女》（英文）第218页。

3　见《福泽谕吉论妇女》（英文）第53—54页。

4　见《福泽谕吉论妇女》（英文）第51页。

5　见《福泽谕吉论妇女》（英文）第10页。

夫的孩子。”[1] 所有这一切都必须改变，几百年来的宗族制度必须放弃，转而建立像欧美那样的核心家庭。

其二，与上述第一点有所不同，他归咎于中国传统文化，尤其是宋明理学的传播导致了妇女的不平等。在这个论点中，他避谈封建血统，转而强调日本妇女的地位自17世纪以来已大为下降——“以我自己的想法，日本对女性行为上的诸多限制始于德川幕府漫长的和平时期。自元和年间（1615—1624）起，战争止息，社会安定，儒学渐兴，提倡所谓‘天理之学’，俾使高低贵贱，伦理分明。”[2] 另外，他又写道：“元和之后，天下太平，大多武士成长在儒学的影响之下，年轻一辈接受了忠、孝、仁、义、礼、智、信的教育。”[3]

因此，福泽谕吉大部分关于妇女的著述致力于消除宋明理学带来的有害影响。尤其是《女大学》这本书，他从25岁起就在上面作批注。他写道：“儒学以男为阳，以女为阴。男人即天，即太阳；女人即地，即太阴。换言之，男贵女贱，被许多男人视作自然的绝对法则。但这种阴阳理论不过是儒学家的玄想，缺乏根据或逻辑。”[4] 他讽刺道：“在《女大学》中，说了女人要‘三从’——在家从父，出嫁从夫，老来从子。跟从父亲也许是自然的事，但出嫁之后又如何从夫？”[5] 这本书进一步说：“即使丈夫是个酒色之徒，对妻子肆意虐待责骂，放荡

1　见《福泽谕吉论妇女》（英文）第12页。

2　见《福泽谕吉论妇女》（英文）第26页。

3　见《福泽谕吉论妇女》（英文）第75页。

4　见《福泽谕吉论妇女》（英文）第39页。

5　见《福泽谕吉论妇女》（英文）第52页。

好色，妻子仍要顺从，她必须敬夫如敬天，好言好语，和颜悦色。”[1]

令他特别气愤的是《女大学》最后一章，“其对女性侮辱之重，简直可以说是一部对女性充满诅咒和责骂的恶意之作。作者声称，女人十之八九，都有五个缺点——不顺从、易怒恨、好诽谤、爱嫉妒、浅薄无知——因此，男尊而女卑。”[2]除了宋明理学，佛教也难辞其咎——“佛书上说女人罪孽深重，其实从这种情形看来，女人一生下来，确实与犯了大罪的罪人无异。”[3]他举出大量例子，来说明“上下尊卑的名分在夫妇、父母、子女之间所发生的流弊……还有很多害处”。[4]

福泽谕吉在指出日本妇女所遭受的压迫后，更进一步检视她们在两性及婚姻关系中的种种，并推动改变，促使日本妇女与西方妇女一样获得解放。

自小时候起，他就注意到，“家风通常遵循儒家精神，规定男孩、女孩七岁以后授受不相亲，不能再见面。”[5]因此，婚前两性交往是被禁止的。年轻男女之间，“实际上不会有什么交往，假如有，则会引起疑心，为长辈们所谴责。”[6]结果，也

1 见《福泽谕吉论妇女》（英文）第 52 页。

2 见《福泽谕吉论妇女》（英文）第 211 页。

3 见福泽谕吉《劝学篇》第八篇《勿以自己的意志强制他人》。

4 见福泽谕吉《劝学篇》第十一篇《论名分产生伪君子》。译注：此为该篇开篇之句，实为对第八篇《勿以自己的意志强制他人》所作的总结，福泽谕吉在这里是回应前文所举的例子。

5 见《福泽谕吉论妇女》（英文）第 128 页。

6 见《福泽谕吉论妇女》（英文）第 103 页。

就没有西方伙伴式婚姻所必经的恋爱阶段。“待到男当婚、女当嫁之时，社会上对他们的约束会更加严厉，就算是必要的沟通也被禁止，四周是紧盯的目光，使他们欲言又止，从远处看对方一眼也令他们不安。于是，他们被分隔在两个完全不同的世界中。”[1]

其后果是，婚姻是被安排的。“由于成长受到严格束缚，到了结婚的年龄，男女彼此都不认识，要靠媒人的推荐，才会有第一次见面，这就是‘相亲’。”[2]但相亲也不过是“男女之间互相偷看一眼，很快就成亲了”。[3]这与西方建立平等关系的求爱大为不同，因为“……按西方的习惯，男女对象要靠自己寻找和选择，然后互相了解，决定结婚了，就告诉父母，得到同意后，就举行婚礼。”[4]

尽管有此不同，与许多“包办婚姻”的社会相比，福泽谕吉注意到日本的年轻男女更有话语权，“表面上，婚姻好像被父母包办，年轻人接受最终决定，但事实并非如此。父母只是建议，而不是作出决定。”[5]对此他有如下详述：“当建议提出后，假如他们不喜欢，事情就不能硬来。如此的话，父母就会放弃首选，再去寻找新对象。西洋人认为日本人的婚姻都是父母包办，这是无知的人们得出的错误印象。”[6]从这一方面看，情况

1 见《福泽谕吉论妇女》（英文）第 118 页。

2 见《福泽谕吉论妇女》（英文）第 128—129 页。

3 见《福泽谕吉论妇女》（英文）第 128—129 页。

4 见《福泽谕吉论妇女》（英文）第 226 页。

5 见《福泽谕吉论妇女》（英文）第 226 页。

6 见《福泽谕吉论妇女》（英文）第 226 页。

还不至于太差。“因此除了极端例子，今天日本的女人普遍来说，对成婚一事不会有太多怨言。”[1]

虽然不是极端的包办婚姻，但由于缺乏恋爱阶段，以及其他种种压力，福泽谕吉认为在日本大多数的婚姻中，夫妻之间不会建立起伙伴式的关系。他写道：“即使在婚后，妻子极少知道她的丈夫在社会上的声望，他的同事怎样看他，他都做了些什么事。”[2]因此，“通常的情形是，当丈夫劳碌一天回家后，他的妻子对他的工作完全不感兴趣，或在彼此的交流之中说不上有恰当的关心。”[3]女人的主要作用，和结婚的主要目的，不是建立伙伴关系，而是为男人生育。“在我们的社会，总是说男人娶妻就是为了生子，就好像说‘买个锅煮饭’一样，这是对女人最大的侮辱。”[4]在这里，我们再次看到了宗族制度的歧视对妇女的伤害，“因这种观念，我们常听说，娘胎就是‘借’来的——就是说孩子出生后就是父亲的，而不属于母亲——好比说这年收成的稻谷，是去年播下的种，跟土地没有关系。”[5]

夫妻双方建立伙伴式关系的重要障碍来自丈夫父母所施加的压力。观念上，至少长子应与父母生活在一起，他是他们最强的血缘纽带，尤其对母亲而言。新过门的媳妇要和婆婆竞争，自古以来就处于下风。福泽谕吉正是对这种日本家庭的结构性紧张关系给予了大量关注。

1　见《福泽谕吉论妇女》（英文）第227页。

2　见《福泽谕吉论妇女》（英文）第129页。

3　见《福泽谕吉论妇女》（英文）第130页。

4　见《福泽谕吉论妇女》（英文）第48页。

5　见《福泽谕吉论妇女》（英文）第48—49页。

他注意到公公婆婆对夫妻关系的压抑——“公公婆婆和儿子儿媳生活在一起……希望他们和睦相处……但同时又希望他们不要太过亲密。若是彼此间恩恩爱爱，老家伙们就会警觉起来。”[1] 他举例说：“要是丈夫外出远游，妻子依依不舍，又或妻子生病，丈夫细心呵护，公公婆婆就认为这有伤大雅，警告他们可免则免。”[2] 同样，邻里的注视也压抑了夫妻的感情流露，因此，当他们一起出门时，“现行的做法是这样的，先分开走一段时间，然后到达一个预先约定的地点，汇合之后才并肩向前。之所以这样遮遮掩掩，是因为邻居熟人太多，给大家看到就尴尬了。”[3] 不过最大的压力还是来自共同生活的公公婆婆。

福泽谕吉认为这种家庭关系的冲突属于结构性矛盾，无关个人性格，“婆婆并非恶毒，媳妇亦然。不考虑性格中的好坏，两者间几乎总是发生争执，其原因不在于双方性格，而在于整个家庭氛围。”[4] 婆媳关系自古是个老大难问题，“老少两代夫妻生活在同一屋宇下的家庭，只有百分之一能相处融洽。我并非夸张，剩下那百分之九十九，外面看是天堂，里面看是炼狱，囚禁着剑拔弩张的假圣人和伪君子。”[5] 另有几次，他甚至认为这种婆媳和谐的家庭连百分之一都没有——“不管家庭中各人性格如何，婆媳之间永远不会有父母与子女那样的关系，除了

1 见《福泽谕吉论妇女》（英文）第 120 页。

2 见《福泽谕吉论妇女》（英文）第 120 页。

3 见《福泽谕吉论妇女》（英文）第 120 页。

4 见《福泽谕吉论妇女》（英文）第 229 页。

5 见《福泽谕吉论妇女》（英文）第 123 页。

极其罕见的情况，那只有千分之一，甚至万分之一。”[1]

解决办法只有一个，就是两代人分开住，跟西方一样。他写道：“有些新婚夫妇和父母分开住，我认为这是明智的做法，最合乎人性。”[2] 他认为：“年轻人最好一结婚就离开父母，自己安顿新家。”[3] 不但要分开住，而且尽量减少瓜葛——“简言之，两个家庭少一些紧密联系是很重要的。”[4]

福泽谕吉同时认为，女人的从属地位还可以在其他旧有的习俗看出来，本身也是这些习俗导致的结果，其中一方面便是日本的一夫多妻制和性关系，他写道：“西方国家实行一夫一妻制，这是法律；而在日本，一个丈夫可以拥有三妻四妾，还有比这更大和更严重的反差吗？”[5] 他写道：“一个上层的有钱男人，可以娶很多妾，结果妻、妾都不能得到丈夫足够的关注，这是众所周知的。”[6] 另一方面，中、下阶层的男人则寻花问柳，说什么和老婆缺乏感情啦，婆媳关系紧张啦，其实都是借口。“当男人完全不能与女人有正常和友好的交往时，他的生命就被限制在沉闷和无意义的关系中，一旦逃脱束缚，即放纵自己。”[7] 在西方，家是个放松和感受温暖的地方；而在日本，家是不得不逃离的。“事实上，游女屋（妓院）和阴间茶屋（男

1 见《福泽谕吉论妇女》（英文）第 229 页。

2 见《福泽谕吉论妇女》（英文）第 188 页。

3 见《福泽谕吉论妇女》（英文）第 230 页。

4 见《福泽谕吉论妇女》（英文）第 230 页。

5 见《福泽谕吉论妇女》（英文）第 139 页。

6 见《福泽谕吉论妇女》（英文）第 139 页。

7 见《福泽谕吉论妇女》（英文）第 124 页。

妓院）是脱离世俗束缚的自由世界，是男人逃避社会压力的唯一天堂。”[1]在日本，这一切由来已久，亦可理解，但必须加以改变。“日本的一夫多妻制已有数千年历史，现在国家要步入文明之列，已有学者关注这个问题，并争取提出改善措施。”[2]

家庭中的结构性紧张关系和妇女卑微的地位同样反映在休妻这样的旧礼制中。“休妻在这个国家很常见，肯定是由多种原因所造成，但最重要的是男女之间社会交往的缺失。”[3]江户时代的日本，“妇有七去：不顺父母去、无子去……”[4]即女人若有不孝顺公公婆婆、不能生育男孩等七种情况之一，丈夫即可休妻。“若不能生育，就要被休掉，因为娶妻的目的就是要生子。”[5]福泽谕吉对此痛批：“真是荒谬至极，无人性可言。”[6]若丈夫死了，寡妇就陷入困境，因为再婚的压力非常大。“我一向认为，寡妇应该再婚，但日本社会很难接受这一观念，即使在受过教育的人当中，也极少得到支持，都认为守寡是妇人的一种美德，有人甚至说‘贞女不事二夫’。这样的话，寡妇再婚就困难重重，真是令人悲哀。”[7]

从福泽谕吉关于妇女和家庭关系的大量文章可以看出，他渴望把西方婚姻模式中值得学习的方面引介到日本，尤其是一

1　见《福泽谕吉论妇女》（英文）第124页。

2　见《福泽谕吉论妇女》（英文）第124页。

3　见《福泽谕吉论妇女》（英文）第128页。

4　译注：源自《大戴礼记》之《本命》篇。

5　见《福泽谕吉论妇女》（英文）第179—180页。

6　见《福泽谕吉论妇女》（英文）第181页。

7　见《福泽谕吉论妇女》（英文）第239—240页。

夫一妻制。不过他也想避免西方家庭中各方过分强调个人倾向的情形，他在文章中写道："夫妻之间不能仅仅依靠爱情，除了爱情，还应互相尊重。"[1]彼此互助、相爱、共享，这样才算完美。"婚姻的真正意义对于丈夫和妻子来说就是同处爱巢，你帮我，我帮你，共同享受人生最大的快乐。"[2]

因此，福泽谕吉他所倡导的婚姻模式，既非"传统"的日式，亦非西式。中村敏子教授比较了他对婚姻及家庭的理论和其对英国婚姻模式的研究，发现存在值得注意的差异。其一，在英格兰，浪漫的爱情是婚姻的理想基础；福泽谕吉则"认为男女之间的道德情感比起浪漫的爱情"更应成为婚姻的基础，也就是说"尊重"和"情爱"只限于父母与子女之间。其二，基督教及其宗教符号和仪式构成了西方婚姻的核心内容；但宗教在日本婚姻中的重要性就少得多。西方家庭制度以强烈的个人主义为基础，除夫妻之外，所有关系都基于契约和规则；而在日本，整个家庭是父母与子女的一个道德范畴，以尊重和情感为基础，并不包括契约关系，这是核心家庭之外才有的。[3]

福泽谕吉作更深层的分析，认为性别间的不平等既是整个日本社会不平等的原因，也是结果，因此他真正反对的是儒学中关于家国关系的思想，首先批判的就是儒家五伦：君臣、父

1　见《福泽谕吉论妇女》（英文）第 33 页。

2　见《福泽谕吉论妇女》（英文）第 48 页。

3　见本书附录，中村敏子《福泽谕吉论家庭关系与文明发展史》。

子、夫妇、兄弟、朋友[1]。他批判“以孝治天下”，否则反对夫权父权即等同背叛；他同样批判“家天下”，否则反对上级即等同不忠不孝。对于后者，他论证道：“但如进一步考察事实，即知政府和人民本来不是骨肉至亲，实际只是一种陌生人与陌生人的交往。”[2]若是如此，那么“在陌生人相交往的情况下，情谊是不能起作用的，必须制定法规契约一类的东西，相互遵守，毫厘必争，反而能使双方圆满相处。”[3]换言之，他反对家国一体，主张两者分开。

这无疑是革命性的见解。大多数专制主义国家，无论传统中国还是路易十四时期的法国，都推行家国一体。罗伯特·费尔默（Sir Robert Filmer）[4]在他的《父权制》中亦如是主张；但福泽谕吉几乎是一字一句呼应约翰·洛克（John Locke）的观点[5]，即只有互相爱护、共遵契约才是家国关系的基础，而无论家国，盲目的、不加鉴别的服从都是错误的。所有人民，包括妇女，都有天赋而不可剥夺的权利，他相信这个巨变正在发生——“近来我国人民的思想也大有改变，关于万民平等的

1　译注：源自《孟子·滕文公》：“圣人有忧之，使契为司徒，教以人伦，父子有亲，君臣有义，夫妇有别，长幼有序，朋友有信。”及《礼记·中庸》：“君臣也、父子也、夫妇也、昆弟也、朋友之交也，五者天下之达道也。”

2　见福泽谕吉《劝学篇》第十一篇《论名分产生伪君子》。

3　见福泽谕吉《劝学篇》第十一篇《论名分产生伪君子》。

4　译注：罗伯特·费尔默（1588—1653），英国政治思想家。

5　译注：约翰·洛克（1632—1704），英国哲学家。此处所提及的观点出自其《政府论》（*Two Treatises of Government*）。

学说，几乎风靡全国，似乎没有异议了。”[1]

福泽谕吉认为，改变性别关系，即可改变社会的一切——“大家会说这完全说得通，但就实情来看，今天若扩大妇女的权益，等于扰乱社会秩序，没有人会接受的。不过，移风易俗肯定带来某些变化，这是不可避免的。若要避免，就只好默然忍受。”[2]要在一代人的时间就改变整个家庭制度，困难确实巨大，他本身就是最好的例子，因为他在家庭财产分配问题上的做法就与自己的观点相左——他在自传中写道：“道学家们不是呼吁对世人要一视同仁吗？那么对自己的亲生子女不是更要这样吗？只是我认为长子与其他孩子虽说同等，但我如果死去，长子就要接续香火，成为一家之主，因此在财产分配上对他就要丰厚些。”[3]这显然是偏爱长子。在实践女性平等教育方面的失败，他也没有讲清楚：“我有九个孩子，四男五女，我对他们一视同仁，没有轻重爱憎之别。”[4]而他的一个女儿所回忆的童年并非如此。

据卡门·布莱克所记，她在与福泽谕吉的第五个女儿志立[5]女士的“私交”中了解到，“福泽谕吉在养育自己女儿的过程中并没有完全践行自己的诺言。”他将她们的教育完全交给“非常保守”的妈妈，相信女人“先天低能”。因此，志立

1 见福泽谕吉《文明论概略》第十章《论我国之独立》。

2 见《福泽谕吉论妇女》（英文）第195页。

3 见《福翁自传》第十四章《品行家风》之“对子女一视同仁”。

4 见《福翁自传》第十四章《品行家风》之“对子女一视同仁”。

5 译注：这是福泽谕吉最小的女儿，名光。后嫁日本银行家志立铁次郎，改名福泽志立。

女士“不能单独外出，不能在长辈面前表达自己的意见，不能对客人说话……直到 18 岁结婚时，几乎不能跟任何男人接触。即使到了这个时候，她说的话也不会受到重视。除了学英语，她所受到的教育与其他女孩子差别不大。”[1] 日本学者藤原敬子的解释略有不同，她说福泽谕吉试图通过学校及家教的方式教育他的女儿们，并作此评价：“他也许对学校的教育有所失望，没有把两个最年幼的女儿送到学校去，都是由家庭教师进行辅导。在这些非常规的教育中，展现出一个尽力为女儿们提供最好教育的父亲形象。”[2]

这说明，六十多岁的福泽谕吉在口述自传时，他的回忆和实际的行为有所出入。克雷格论证过，他在自传中有选择地重新安排他的政治活动，以显示自己超然于政治之外[3]，所以看他的自传时要留个心，相关内容可能是在写他在其他方面的实际活动。

不过，把这种口述和实际间的差距当做虚伪或缺陷，不如视作加诸福泽谕吉身上的许多巨大压力之一。他希望日本的一切，包括政治、经济、法律、道德、技术和社会体制，在二三十年内，在一个古老而复杂的文明中得到改变。这是不可能的，事实上大多数事物在表面之下，仍然旧习难改。了解他如何认识西方家庭制度的本质，以及与日本传统的区别，才是本章的目的。

1　见卡门·布莱克《日本现代启蒙：福泽谕吉著作研究》第 157—158 页。

2　见《福泽谕吉论妇女》（英文）藤原敬子所撰之《绪言》。

3　见克雷格《明治时代民族主义的哲学奠基人福泽谕吉》第 103 页注解 7。

13 推动现代化厥功至伟

福泽谕吉的人生经历充满着巨大矛盾，他跨越了两个几乎完全不同的时代，这使他能更深入和广泛地作出对比。与欧洲的启蒙者相比，他缺乏在高级方法论上的建树，但他致力于解开世界现代化的谜题，并推动现代化在日本的实现。

他与欧洲启蒙者的理论非常相似——平等、个人主义、自由和分权，是取得财富成就和科技进步的根本基础。还有一些在我们看来理所当然的东西他也作了充分论述，比如公开辩论、对抗式政治、男女平等、个人权利和现代簿记——他向国人引介了这一切。他的大部分人生，基本上是致力于启蒙，倡导平等、自由和个人主义，以此促进国家富强；他认为没有这些改变，科技的引入是毫无价值的。

福泽谕吉的贡献如此突出，在于他的论述与明治维新的大局相呼应，他的理念被吸收为日本的施政策略。一个相对落后的社会，有着农耕社会的各种掣肘——门阀制度、专制主义、科技停滞——要奋起“加入西方”行列，没有其他亚洲国家曾

福泽谕吉

经如此，更不必说在两代人之间就要在广泛的变革中取得成功。

这一份变革的蓝图，只是简单复制了欧洲启蒙的部分精华，但日本据此创造了奇迹，成功走出了农耕社会，在五十年中，它从一个封闭和落后的亚洲国家，发展成为一个世界大国，并击败过大清国和沙俄，其工农业生产及出口的增长都是令人震惊的。日本找到了从农耕文明迈向工业文明的秘密通道。输入西方科技尽管是这个转变的关键，但只是其中一部分而已，文化、社会和政治上的改变同样重要。同样输入西方科技的中国、印度及东南亚地区，在日本变革之后的大约八十年间，取得的成效并不大，可见光有科技是不够的。

当然，在日本还有很多其他必要的先决条件：劳动人民工艺娴熟、心灵手巧、勤奋自律、协作和适应性都很强——但这些在 250 年的和平时期就已存在，除了易于增加税赋，不会有什么特别的结果。也许可以说，日本的开国，尤其是接受了启蒙思想后，打破了原有的平衡，从内部掠夺转变为内部生产。福泽谕吉在欧洲早期启蒙思想的基础上并无更多新的贡献，但他是一个非常有智慧的思想家，能把握住其中最重要的信息，以充沛的精力，在日本尽可能广泛地传播那些新观念；他也足够幸运，赶上了变革的大潮。

从农耕社会走出的奇迹，在一个多方面与文明发源地不同的地方重现了。日本比亚洲其他国家约早两代人打下了现代工业文明的基础，与其最伟大的现代化推动者和分析家福泽谕吉不无关系，他的头像被印在日本最高面额的钞票上，乃实至名归。

*

经由外在观察，对于不以宗族关系为基础的结社，福泽谕吉能深刻理解其重要性。他幼年时期的周遭，为森严的门阀制度与整个宗族制度所左右，于是他开始逃离，先后搬到大阪和江户，但即便在这些大城市，除在绪方塾和其他地方能看到一二外，他未见识过社会人群是如何组织起来的，因此当他在西方，特别是在英国看到各种不同类型的结社时，大为兴奋。

回到日本后，他致力于推动制度建设和结社发展，打造现代“文明社会”的基础架构。在西方有很多社会和政治团体，受此启发，在明治十三年（1880），他仿效伦敦俱乐部的形式，在东京银座成立了交询社，为知识分子和实业家提供一个“交换知识，咨询世务”的社交空间，从而凝聚社会各方力量，通过辩论、出版等活动，促进政治上的成熟。交询社至今仍在活动。另一种追求知识的结社，则是大学。在西方，“大学”（university）的本意，是“平等的联合体”。大学在西方学术发展史上一直举足轻重，但这种大学在中国和日本迟迟没有建立。在明治二十三年（1890），福泽谕吉在庆应义塾创设大学部，后来发展成日本第一所私立大学——庆应义塾大学。

另外，西方有外汇银行而日本没有，因而日本损失大量财富，在福泽谕吉的帮助下，日本成立了这种最新型的银行。同样，他帮助组建了日本第一支现代形式的警察部队，还成立了最早的日报社。不过，光结社是不够的，还要进一步掌握开展活动的方法，否则徒具形式。很多在西方习以为常的基础技巧，比如怎样组织对话、怎样举行会议及公众集会、怎样发表和聆

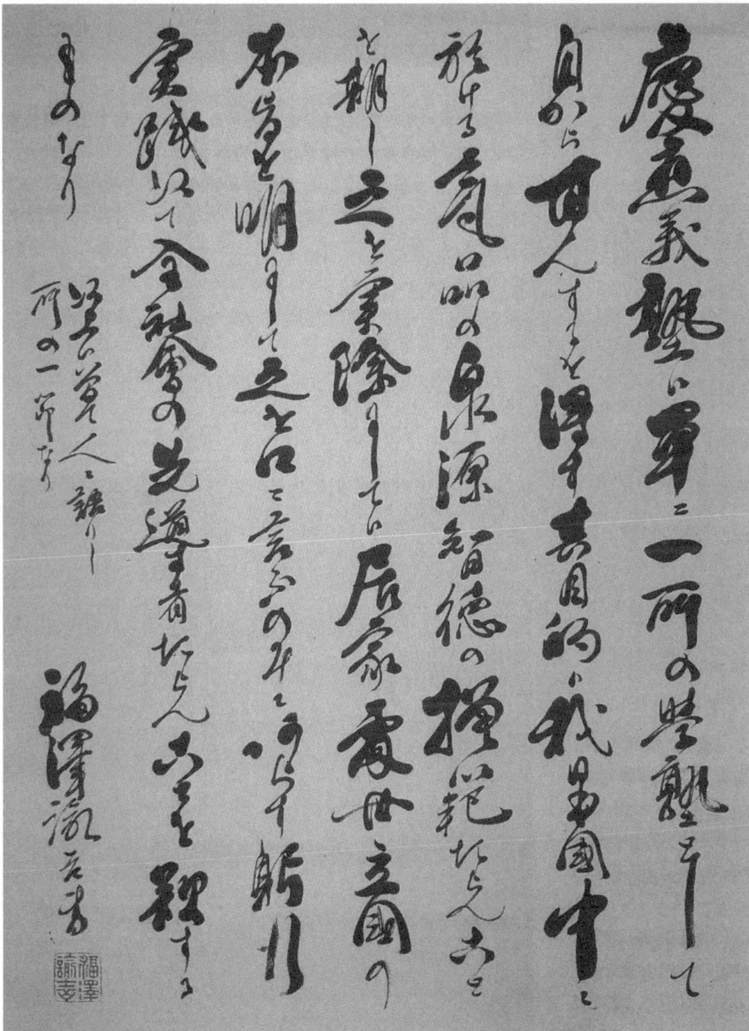

庆应义塾大学之目的

听演说（甚至怎样鼓掌）、如何争辩、如何证明、如何保持结社活动的有序进行……如果结社要延续的话，所有这些在 19 世纪 70 年代以前的日本几乎闻所未闻的东西，都要学习。

所以福泽谕吉撰写了《会议辩》，就如何演说进行阐述，并建立了“三田演说馆”，提供练习的场所；他也写过文章探讨辩论的方法。他还写了《簿记法》，引介复式簿记。在所有著述和公开演说中，他始终保持简单明了的风格，以期和读者、听众取得有效的沟通。通过大量的著述和演说，他增进了国人对西方制度的了解，以及对文明社会大量实用技巧的掌握，从而削弱了日本等级森严的旧秩序，并以更开放、多元和自由结社的社会取而代之。由此我们可以看出，他理解西方文明的秘诀在于自由竞争，而要使自由竞争成为可能，就必须掌握文明社会的组织技巧。经由在英国、荷兰和美国的考察，他了解到，一个开放的社会，应该允许百家争鸣、百花齐放，就像孟德斯鸠、托克维尔和梅特兰所认为的一样，即允许“第二种力量”[1] 的存在，是追求自由、平等、富有所必需的。可以说，日本成为现代自由、平等和富有的国家，福泽谕吉厥功至伟。

1 译注：本书作者在《现代世界的形成：东西方观察》（*The Making of the Modern World: Visions from the West and East*）第一部分，对英国法学家梅兰特的理论进行了探讨，其中提及的“第二种力量”是指：若只有一种力量，易倾向于独裁，因此须有第二种甚至更多的力量来自由竞争，以保持社会的平衡发展。本书原为该著作第二部分。

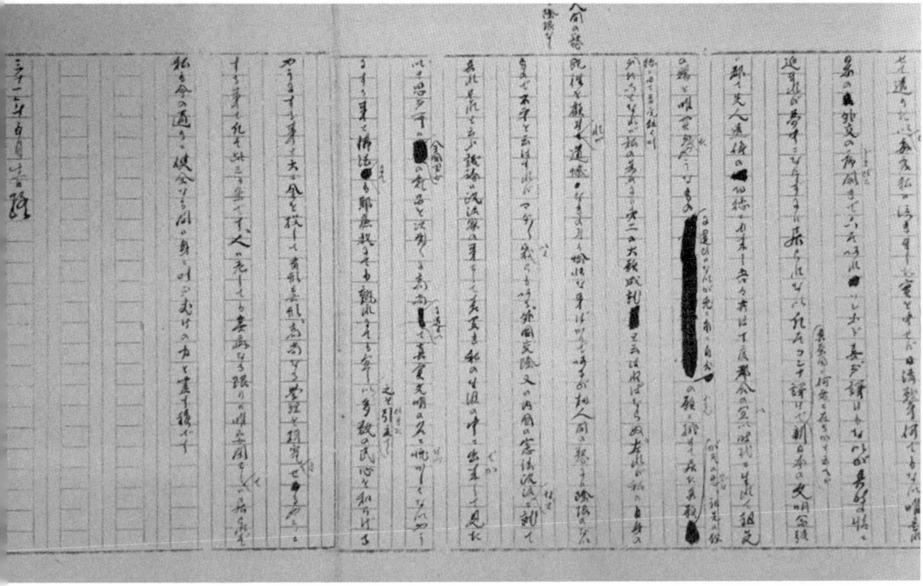

《福翁自传》原稿

参考书目

本文所参考之福泽谕吉著作见前述简录，其他参考著作如下，除非特别说明，均在伦敦出版。

Blacker, Carmen, 'The First Japanese Mission to England', History Today, vii (Dec.1957).

Blacker, Carmen, The Japanese Enlightenment, A Study of the Writings of Fukuzawa Yukichi, Cambridge, 1969.

Chamberlain, Basil Hall, Japanese Things, Being Notes on Various Subjects Connected with Japan (1904), Tokyo, 1990.

Craig, Albert M., 'Fukuzawa Yukichi: The Philosophical Foundations of Meiji Nationalism' in Robert E. Ward (ed), Political Development in Modern Japan, New Jersey, 1968.

Griffis, W.E., The Mikado's Empire, 2 vols., New York, 1903.

Jansen, Marius B. (ed), Cambridge History of Japan; the Nineteenth Century, vol.v, Cambridge, 1989.

Kato, Shuichi, A History of Japanese Literature, Vol.3, The Modern Years, tr. Don Sanderson, Tokyo, 1979.

Kodansha Encyclopedia of Japan, Tokyo, 1983.

Kodansha, Japan. An Illustrated Encyclopedia, Tokyo, 1993.

Koestler, Arthur, The Lotus & the Robot, 1960.

Macfarlane, Alan, The Savage Wars of Peace: England, Japan and the Malthusian Trap, Oxford, 1997.

Macfarlane, Alan, The Riddle of the Modern World; Liberty, Wealth and Equality, 2000.

Nakamura, Toshiko, 'Fukuzawa Yukichi's Ideas on Family in Civilization', parts.
1-3, Hokkaido Law Review. vol. XLIV, Nos. 3,4,6 (1993) .

Nishikawa, Shunsaku, 'Yukichi Fukuzawa (1835—1901) ', in Prospects, vol.XXI, No.2, UNESCO, 1991, reprinted in Fukuzawa Yukichi nenkan, vol.20, Dec. 1993.

Popper, Karl, The Open Society and Its Enemies, 1966.

Sugiyama, Chuhei, 'Fukuzawa Yukichi', Enlightenment and Beyond; Political Economy Comes to Japan, eds. Chuhei Sugiyama and Hiroshi Mizuta, Tokyo, 1988.

Yasukawa, Jyunosuke, 'Fukuzawa Yukichi', in Ten Great Educators of Modern Japan, ed. Benjamin C. Duke, Tokyo, 1989.

附录

福泽谕吉论家庭关系与文明发展史

日本
北海学园大学
中村敏子

1. 历史背景

福泽谕吉（1835—1901）是日本最伟大的人物之一，他对日本西化的推动，几乎涉及社会每一领域，包括家庭与妇女方面，他就此两者的论述非常丰富，这与他关于人与社会的文明发展观紧密相关。本文将探讨在他的文明史理论以及关于人与社会的思想中，涉及家庭与妇女的部分。

福泽谕吉生于1835年，其时日本为德川幕府所统治。德川时代从1603年起，至1868年止，是一个封建的时代。日本被分为众多大名所统治的藩国，将军是最高的统治者。当时的社会等级分明，由高至低分为士、农、工、商。儒家思想被认定为符合社会之伦理，因此幕府将其作为官方的意识形态。

福泽谕吉的家庭属于低级士族，他3岁时父亲过世了。士族的孩子通常在7岁左右开始学习汉学经典，但他直到14岁才读书。他特别喜欢历史，掌握得非常好。我们能看到儒家经典对他后来的影响。

德川幕府从17世纪中叶起采取锁国政策，历经两百多年。但在1853年，美国佩里舰队来到日本，迫使日本开国。德川幕府陷入混乱，社会等级制度开始动摇。士族中有许多人开始思考如何改变日本，福泽谕吉就是其中之一。有人认为复古好；有人认为西化好。福泽谕吉痛恨门阀制度和儒家学说。他开始学习兰学，因为当时荷兰是唯一被允许和日本进行贸易的西方国家。开国之后，英国的影响力日增。他作为幕府使团的成员，到访过美国两次，欧洲一次，带回了许多西方书籍，并翻译成日文。

日本的政治动乱止于1868年的王政复辟，将军（最高大名）把权力归还天皇，史称“明治维新”。因此福泽谕吉的人生跨越了两个时代，前半生处于封建时代，后半生处于现代化进程中。明治维新后，他试图使日本成为一个自由民主的国家。大多数士族精英成为明治政府的大臣，但福泽谕吉保持独立，致力于国家的现代化。他成立了一所大学、一间出版社，办了一份报纸，还协助建立了一间保险公司；他教授西方的商业和政治知识，并推动付诸实践。因此他在日本社会的各方面都产生了巨大影响。另外，他就家庭伦理和妇女权益撰写了大量著作，是（至今仍是）这方面的开创性人物。他关于家庭和妇女的思想与他的文明史观密切相关，我就从后者开始说起。

2. 福泽谕吉的文明论

（1）智德的发展

福泽谕吉一生著述丰富，最为重要的是《文明论概略》。1874 年他决定不再翻译西方著作，转而致力于钻研文明发展史。他读了很多如基佐、巴克尔和 J·S·穆勒等西方学者的著作，然后列出提纲，草拟初稿，和朋友们、学生们一起进行讨论，最后定稿于 1875 年出版。他为了写这本书是非常努力的。

在《文明论概略》中，他论述了人类社会的文明进程。他将其分为三个阶段，分别为“野蛮”“半开化”和“文明开化”，每个社会都必须经历这些阶段，最终达至文明。他显然是从西方的著述中吸取了这种思想。

那么，福泽谕吉认为什么可促进文明开化呢？他认为有两方面重要因素。一是“智”与“德”，可使人获得舒适的物质生活并拥有人的尊严；二是“人与人的关系”[1] 的改善。以上两者共同促进社会文明开化。关于如何促进，他论述如下——

在野蛮阶段，人们没有“智”去理解自然的本质，所以他

1　译注：在福泽谕吉的《文明论概略》中，“人与人的关系”或“社会关系”，是指社会各阶层的关系，尤其指一种统治和被统治的关系。如第九章《日本文明的来源》所述：统治者叫作“上”或“主”或“内”，被统治者叫作“下”或“客”或“外”。因此，上下、主客、内外的区别，也就截然分开了。从此，这两者成为日本人之间的互相关系上的两大分野，也可以说这是我国文明的两个因素。自古至今，人的关系虽然多种多样，但归根结底都可归纳成为这两种因素，而没有任何一种可以例外。

们不知道如何面对和控制自然。如果他们经历过自然的灾难或得以幸存，就会认为这是鬼神的恩赐。这在社会关系中同样适用。在此阶段，社会肯定存在着压迫的情形，但人们不明白这种情形背后的道理和原因。他们认为这就是自然的灾难，充满着恐惧，没有足够的“智”去理解并反抗，凡事皆由统治者的意志来决定，这就是他们的伦理，人们被迫遵循统治者所规范的行为准则。

文明随着“智”的发展而发展，人开始质疑周遭的事物，想知道这些自然的灾难背后的道理或原因，思考有什么方法可以避免，这样就能运用“智”来控制自然。那么福泽谕吉呢？

他也是这样，开始质疑并思考他所身处的时代。他质疑儒家思想，以及那些被视为榜样的忠臣义士的故事。他开始探索自己的人生道路，“既然获得了精神的解放，又何必受身体的束缚呢？”[1]也就是说，人要掌握自己的命运才能独立。

他认为一个人对于为善或作恶的判断，是来自内心的喜悦或恐惧，而非仰赖他人的恩威。他把这种出自个人感受的“内心的准则”称为“私德”。如果一个独立的人要努力追求未来之大成，就要自己作出决定。这个时候私德尤其重要。

一旦独立自主，人就会进而思考他在社会上的位置。此时的他已经能够运用“智”，知道自己要成为何种人物，于是依据良知，思考并决定如何与人相处，明确何为是、何为非，他必须在社会交往中表现出高尚的品行——福泽谕吉称之为“公

1　见福泽谕吉《文明论概略》第七章《论智德的时间性和空间性》。

德”[1]。人的“智”越多，并能从自己的内心而非从外在的意识形态决定自己的行为准则，他就越能对他人表现出更多的“德”。如果人始终有德，并贯彻如一，社会关系就会得以改善。

福泽谕吉设想人与人的关系可画成一组同心圆。核心是家庭关系，这是首先要改善的，其次是一国之中的各种关系。日本人民的智德由内及外，由私及公，文明就能得以发展，直至最高阶段。在这一阶段，人人智如牛顿，德如孔夫子，整个世界和平相处如一家，没有抢掠，没有争执，夜不闭户，彼此无需契约。福泽谕吉称之为“文明的太平”。但他知道，这需要在遥远的未来才能实现。[2]

1 译注：“与外界接触而表现于社交行为的，如廉耻、公平、正直、勇敢等叫作公德。”——参见福泽谕吉《文明论概略》第六章《智德的区别》。

2 译注：关于“文明的太平”，福泽谕吉在《文明论概略》第七章《论智德的时间性和空间性》中论述如下：真正达到了太平盛世，就没有人再去争夺土地、贪财好货，更不会有争夺皇帝宝座那种卑鄙行为了。到那时，君臣的名义这类东西早已被人遗忘，就连儿童在游戏中也不会提到它。战争消灭了，刑法也废除了。政府已经不再是惩治坏人的工具，而是为了管理事务，研究如何节省时间、劳力而设置的。社会上没有违约背信的人，借据只不过是为了备忘，并不是拿它作为日后诉讼的证据。社会上没有盗贼，门窗并不需要锁钥，只是为遮避风雨和防止猫狗的进入。由于路不拾遗，警察只是忙于捡拾遗物和寻找失主。不制造大炮而制造望远镜，不建筑监狱而建筑学校，士兵和罪人的形象，如果不是从古画或戏剧上看到，简直是不可想象的。家庭内大家彬彬有礼，不需要听传教士的说教。全国如同一家，家庭如同教堂，父母如同教主，子女如同教徒，全世界的人民恰如被礼让的风气所抱拥，又如同沐浴在道德的海洋。这就是“文明的太平”。经过几千几万年以后是否真能达到这个地步，非我所知。

（2）儒学的框架

如前述，福泽谕吉读过许多西方关于文明发展史的著作，我们可以在《文明论概略》中看到他所受到的影响，也看到他推动日本走向现代化的努力，所以就倾向于认为，他力图模仿西方文明，而摒弃旧有的传统。但若我们仔细研读他的论述，就会发现他不但吸收了西方学者的思想，而且自己也有一套关于人与社会的思维框架。他年轻时曾习汉学经典，尤爱历史，以至熟读成诵[1]。尽管他在文章中对德川幕府所采用的儒家思想进行了批判，但只是针对其在意识形态方面的功用而言，他基本的思维框架仍是属于儒家的。他通过这个思维框架，去理解西方关于文明发展的理论，并认为能彼此兼容，互补长短。

从福泽谕吉关于人的理论，我们就能理解上述观点。福泽谕吉坚持认为，人必须独立自主，才能去发展文明。“所谓文明，本来是指人类智德进步，每个人都能支配他自己，使人世间交往没有互相为害的事，从而各自行使其权利，达到社会上普遍的安全和繁荣。”[2]我们可以在西方著作中找到相似的观点。不过，他总提及人是“万物之灵”，这是儒家关于人的基本观点。在宋明理学[3]中，有“明本心则明天理”之说。福泽谕吉也认为人有“天性”，只要努力增进其智德，天性即

1 译注：据福泽谕吉回忆，他把《左传》读了十一遍。见《福翁自传》第一章《童年・少年》之“通读《左传》十一遍”。

2 见福泽谕吉《劝学篇》第七篇《论国民的职责》。

3 译注：宋明理学传到日本之后发展为“日本阳明学”，在德川幕府晚期成为显学，对士族影响尤大。

可发挥，文明即可发展（这是他的畅销著作《劝学篇》的理论背景[1]）。福泽谕吉的目的不是叫人成为一个儒家君子，而是叫人“独立自尊”。这种思想似与西方个人独立的思想吻合，但我们能在幕府时代的儒学著作中发现有相似的阐述，所以这可能不是他的新创，而是那个时候，在儒学家中就有了这种思想。福泽谕吉期待士族能够带领日本走向文明，并相信他们是能够做到的。

福泽谕吉也写道，若一个人智德兼备，成为“万物之灵”，那么，他的社会关系就能得以改进，这种改进将由内而外发展，从家而国，以至天下。他在多处提到，“个人独立，则一家独立；国家独立，则天下太平。”他的这段名言源于儒家经典。

儒学的主旨在于如何成为一个有德之人，并以德治国。何以为之？首先要致良知[2]，然后知行合一，最后达至内圣外王。宋明理学认为，这个修身过程是极为重要的，“身修而后家齐，家齐而后国治，国治而后天下平。”[3]

透过此儒学的思想框架，我们就能很好地理解福泽谕吉的文明发展论。在宋明理学中，良知即天理，也就是道[4]，以中

1　译注：比起《劝学篇》，福泽谕吉其后在《文明论概略》中对智德的论述要更充分。

2　译注：良知即天理，致良知指将天理付诸实践。见王阳明《传习录》（上）：所谓致知格物者，致吾心之良知于事事物物也。吾心之良知即所谓天理也，致吾心良知之天理于事事物物，则事事物物皆得其理矣。致吾心之良知者，致知也。事事物物皆得其理者，格物也。

3　见《礼记·大学》。

4　译注：道即是良知。见王阳明《传习录》（下）。

国古典哲学中的阴阳学说为基础，但福泽谕吉变“天理”为自然规律，这是现代科学的基础。所谓“智”是指理性思考的能力，他一直认为，人必须有“智”才能理解并征服自然。儒家主张“知行合一”而成为“有德之人”，福泽谕吉变“致良知”为“人要遵循他的理性”，这样才算是有“德”之人。智德兼备而后独立自尊，社会关系得以改进，即可获家国之独立[1]。可见他的文明发展观和宋明理学关于人和世界的思想有着相同的架构。也许，福泽谕吉在阅读和理解西方的文明史著作时，试图以这种儒学的思想框架去观察世界，并糅合现代自然科学知识，使之现代化。

福泽谕吉说，当文明不断发展，最终将达到其最高阶段，即“文明的太平”。这种发展目标论显然来自西方著作。但当我们读到他关于“文明的太平”的解释时，就会觉得和儒家典籍中所描述的“大同世界”[2]非常相似。所不同的是，孔子所说的理想世界在远古，而福泽谕吉所说的在未来，与西方理论相一致。

1 译注：此处对应儒家之“修身齐家治国平天下”。

2 见《礼记·礼运》。孔子曰：“大道之行也，与三代之英，丘未之逮也，而有志焉。大道之行也，天下为公，选贤与能，讲信修睦，故人不独亲其亲，不独子其子，使老有所终，壮有所用，幼有所长，鳏寡孤独废疾者皆有所养；男有分，女有归，货恶其弃于地也不必藏于己，力恶其不出于身也不必为己，是故谋闭而不兴，盗窃乱贼而不作，故外户而不闭，是谓大同。”

3. 文明论中的家庭伦理

（1）夫妻关系

在福泽谕吉的文明论中，他提及所有的社会关系，包括家庭关系，都属于“公”，仅在自称时使用“私”[1]（参见其“私德与公德”之论）。他关于社会关系的论述是从家庭关系开始的，并再次将理想的“文明的太平”描述为“天下一家”。所以在他的社会学理论中，“家庭”是一种基本的和重要的社会关系，就这一点而言，与西方社会学理论大为不同。

以福泽谕吉的社会学理论看，文明发展对人的关系的影响首先在于家庭，而其中的男女关系是最基本和最重要的，因为所有人与人之间的道德关系都从这里开始。随着文明的发展，男女关系也随之改变，也就是增进了人的智德。在“野蛮阶段”，没有智德，男女之间的交往出于本能，所谓“爱”就是“兽心作用”下的性冲动。[2]他们感受爱的物质形态不同，福泽谕吉称之为“肉体相交”[3]。

随着历史的发展，人因获得智德而独立。福泽谕吉认为，此时在发展社会关系上的最重要特征是理性运用语言的能力，

1　译注：在日文中，“私”即是“我”。在《文明论概略》第六章《智德的区别》中，福泽谕吉引用了孟子的“四端”说，“……苟不充之，不足以事父母。”并解释为“这就是要把私德扩大到公德的意思”。

2　见福泽谕吉《品行论》。

3　见福泽谕吉《男女交际论》。

所以“智”的发展是改变现状的关键。男女通过语言进行沟通，而不是直接运用身体动作，所以能更好地了解和理解彼此的感受，福泽谕吉称之为“情感相交”，爱因之能发自内心。能感同身受是很重要的，因为这意味着一个人能够理解另一个人的内心。如前述，一个独立的人，要凭自己“内心的准则”作出判断，而非仰赖他人的恩威，所以福泽谕吉认为，人与人之间理想的关系是将心比心。

一旦能够彼此理解，男女之间就会开始将对方视作如同自己一样独立的“万物之灵”，那么示“爱”的方式就是彼此“尊重”，就是温柔相待，和气相处。这时他们的行为就是有“德”，最终“互敬互爱”。“敬”是儒学修为中非常基本和重要的观念，所以我们在此也看到了儒学对男女关系的影响。福泽谕吉认为即使男女能相互理解，深爱对方，他们仍是独立的个体，而非西方所说的“另一半”，能共同进退。所以他强调男女之间“恕”的重要性，即“己所不欲，勿施于人”[1]，这类似西方的自由思想，他能够在古老的儒学中找到这种观念，而不必从西方引入。

福泽谕吉认为，只要女人智德兼备，那么她和男人同样是“万物之灵”，他们唯一的区别只是性器官，除此以外，完全一样，在社会交往上没有什么不同。20 世纪 70 年代，现代女权主义倡导更多地使用社会的文化意义上的“gender”，而反对

1　见《论语・卫灵公》。子贡问曰：“有一言而可以终身行之者乎？”子曰：“其恕乎！己所不欲，勿施于人。”

使用生理的遗传意义上的“sex”[1]，但几乎在一百年前，福泽谕吉就已经在儒学“万物之灵”的基础上论述了这种区别，他甚至提出，在“文明的太平”可以“自由恋爱”——这个观念也许来自19世纪下半叶美国的“摩登时代运动”（the Modern Times movement）[2]。若男女随着文明的发展而增进了智德，那么到“文明的太平”时，他们的交往就会完全出于自由的意志，纯粹建立在“爱”的基础上，分分合合皆无束缚。不过在说了这些理论之后，福泽谕吉提醒读者，现在还不能这样做，现阶段“一夫一妻白头偕老为最高伦理”[3]。

（2）长幼关系

长幼关系不同于男女关系，因为在文明发展的任何阶段，一个人在幼年时“智”的水平都不会达到“万物之灵”的高度而与他或她的父母相平等。不过这种关系也是随着历史的发展而改变的。在最初的野蛮时代，父母爱护子女如同动物爱护幼仔，那是本能之爱。但因为父母会成为“万物之灵”，他们的态度必然随着文明的发展而改变。当父母的“智”得以增进时，就会开始考虑孩子的成长，他们会努力给予帮助和指引，告诉孩子如何成为“万物之灵”（这就是说，父母要爱之以“德”）。由于孩子总是落后于成年人的发展，因此长幼之间必然存在着

1　译注：在英文中，“gender”和“sex”都有“性”的意思。

2　译注：“摩登时代运动”为美国无政府主义者约书亚·沃伦（Josiah Warren，1798—1874）所发起，他与助手在1850年建立了男女可以自由恋爱的实验公社。

3　见《福翁百话》之二十“一夫一妻白头偕老”。

权力偏重。

福泽谕吉认为，如果两个人之间存在权力偏重，那么偏重的一方应该帮助偏轻的一方，而不是采取压迫的态度。

这种观点与幕府统治采用的儒家思想针锋相对。在儒家五伦（君臣、父子、夫妇、兄弟、朋友）中，上下有尊卑，导致权力偏重无处不在，人与人之间形成压迫和被压迫的关系[1]。福泽谕吉痛恨压迫，因此对这些现实批判甚烈，并希望有权势的人多行善举，帮助老、幼、贫、弱的人群。

父母最重要的作用是教育孩子成为“万物之灵”。对福泽谕吉来说，成年人的教育作用是一种对人类的社会责任。他经常强调父母行为的影响，强调父母必须为孩子们树立符合道德的榜样，这些都是在文明发展基础上的理想家庭关系。他认为这一类家庭关系存在于当时日本某些士族家庭，是文明发展阶段中的楷模。

4.《文明论概略》的意义

福泽谕吉相当乐观地写出了《文明论概略》，但他也明白，日本当时的情况不容乐观。该书最后一章题为《论我国之独立》，他在开头写道：“同他们的文明相比，知道彼此之间有先进和落后的差别，也知道我们的文明远不及他们，并知道落后的要被先进的压制的道理。这时，我国人民首先考虑到的，就是自己国家独立的问题。”

1 见福泽谕吉《文明论概略》第九章《日本文明的来源》。

他对时局的分析如下——因为明治维新的推行，政治变革进展顺利，日本的人心焕然一新，但现在还不是休息的时候，日本还有其他问题，那就是外交关系。外国通过贸易掠夺了日本的财富。虽然通商条约上明文规定彼此平等，其实不然，看看印度、中国就知道了。所以，日本当前最重要的事情是维持独立。所谓国家的独立，不仅指领土的存在，也指人民团结一致，维护国家的权利和尊严。所以他宣称，要奋起维持日本的独立。虽然他设想过“文明的太平”，但现在还不到实现的时候。面对其他国家竞相瓜分世界的形势，日本也必须成为有能力的竞争者，至少可以保护自己。他明白这种民族主义有点偏狭，偏离了“太平”的立场，但这是当时的现实。所以他在《论我国之独立》中写道：“国家的独立就是目的，国民的文明就是达到这个目的的手段。”他也多次提醒读者注意“现状”，他一再使用“现阶段”或“现在”的说法，是特别指明日本当前的问题。他告诉大家：“现阶段我国的文明，并不是文明的终极目的，而仅仅是作为事物发展过程的第一步，首先求得本国的独立，其他问题则留待第二步，将来再去解决。”

福泽谕吉不会空谈理想而不顾政治现实，也不会只顾政治现实而摒弃理想，他总是通过高远的理想来比照目前的状况。《文明论概略》第一章强调了确定议论标准的重要性，第二章论述日本要以西方文明为目标。他从文明的总体理论着手，论述了达至文明的最佳途径，并在最后一章通过现状分析，来说明维持独立对日本成为文明国家的必要性。

既有现实的途径，又有理论的支持，他向国民指出，日本和西方文明的差距是巨大的，但从文明的长远发展来看，这个差距一定会缩小，日本是能够赶上的。假如他没有“更远大而高尚的境界”，要大家相信日本能赶上西方就会很难。在世界文明发展的历史长河中，西方国家和日本不过处于一个相对的位置，差距也只是相对而言。这样的论述，一方面是提醒，一方面是鼓励。那么日本人民怎样做才能赶上西方文明呢？

福泽谕吉认为，“文明的外形易取而文明的精神难求”[1]，这个“文明的精神”就是独立，是西方具有的风气，它很难被日本学习。不过，达至文明的手段“多至不可胜数”，如果片面地看，日本“也就无一不是，无一不非”，但已经存在的种种手段，“能否裨益于社会，只看如何运用而已。”他写道：“最初所说的君臣之义、祖先的传统、上下的名分和贵贱的差别等等，在人类的思想品质中也是可贵的东西，也就是促进文明的一种工具，因而没有理由一概加以排斥。”同样，要维持日本的独立也可以如此，“方法手段越多越好，同时也非多不可”，但“不要忘记最终和最大目的”。因此，如前述，他期待跨越新旧两个时代的士族首先具备独立的精神，士族家庭成为文明社会的楷模——如此，士族就可带领日本人民走向文明，就像英国中产阶级所起的作用一样。[2]

5. 家国的不同原则

福泽谕吉在他的文明论中，分析了人的关系同心圆。人是

1　见福泽谕吉《文明论概略》第二章《以西洋文明为目标》。

2　见福泽谕吉《文明论概略》第十章《论我国之独立》最后一段。

核心，其社会关系由内而外，由近及远，从家而国，以至天下。但每层关系之间的界限不会一成不变，随着社会的文明进步，社会关系得以改进，家、国之间的界限将模糊起来，甚至消失。但在“现阶段”，社会关系的界限仍然是存在的。士族家庭可作文明的榜样，那么在家庭以外，“首先要确保日本的国家和人民的生存，然后才能谈到文明的问题；没有国家，没有人民，就谈不到日本的文明。”[1]

福泽谕吉认为，不同的社会范畴有不同的规则，因而也形成不同的社会关系。根据他的解释，家庭关系以“道”和“德”为基础，“然而，在今天的社会上虽然有普遍施行的文书、契约、政府的法律和各种国际条约，其中有民法、刑法之分，同时也包括不少维持事物秩序的规定，但从其一般用途来看，显然都是防恶的工具……其目的既然如此，可见丝毫不存在道德精神。”虽然法制无情，但“就目前的情况而论，促进世界文明的工具，除了法制以外并无其他更好的办法”。所以他告诉大家，要以西方文明为目标，就要着手进行社会制度的现代化建设。在西方的观念中，“社会关系”通常不包括家庭，但福泽谕吉将其列入范畴，并阐述其不同的规则以及不同的关系。[2]

我们从历史研究中知道，幕府时代真正的家庭关系并非像儒家伦理所规定的那样充满束缚，通过阅读那个时代的日记、信函和传记，我们能看到许多家庭有情有爱的例子。女人想去

1 见福泽谕吉《文明论概略》第十章《论我国之独立》开头一段。

2 见福泽谕吉《文明论概略》第七章《论智德的时间性和空间性》。

哪儿就去哪儿，不受约束（明治维新后，来访的中国人也记录了这种和他们国家不一样的情况）；男人女人担当不同的角色，彼此尊重，互相帮助；妻子在管理家庭方面有很大的权力；她们要是想离婚就可以离婚；父亲花在照看孩子上的时间比今天多，当母亲生病的时候，有些父亲甚至将孩子带到作坊（当然，这也是继承家业的一种训练）。福泽谕吉的相关著述也许就是展示这样的家庭关系，并认为无需作出改变，[1] 应集中力量于社会其他领域的变革，则文明开化可期。

6. 现代化进程中的男女关系

如我们所见，福泽谕吉视国家独立为日本的当务之急，所以他致力于日本的国家现代化。但现实状况并不朝他所料的方向发展。19 世纪 80 年代明治政府趋于保守，并重新将儒家伦理作为施政的基础，福泽谕吉不得已进行了反击。对他而言，这样做是一种挑战，因为“士族们应遵循的道义所在，和维持一生品格的纲领”，也是他提出的达至文明的手段之一，这些“西洋所谓的道德纲常（moral tie）”[2]，易与儒家的保守思想相

1 译注：福泽谕吉在《文明论概略》第七章《论智德的时间性和空间性》中描写了美好的家庭关系，但并没有明确的文字说明日本的家庭已然如此。他说，“家庭间既不需要规则，也不需要契约，更不需要权谋策略，即使想用也没有施展的余地。智慧仅用于处理日常家务，一家之内，是完全依靠道德实现风化之美的。”即是说，改善家庭关系从道德角度考虑（原有的伦理观念可以保留），而改善家庭以外的社会关系则从法制角度考虑。

2 见福泽谕吉《文明论概略》第十章《论我国之独立》。

混淆，因此他写了好几篇文章，对儒家思想的复辟进行了猛烈的批判。我们读到他此期间的文章时，就要结合当时的政治环境，多费思量。

福泽谕吉的这些关于家庭和妇女的文章，大部分写于1885—1888年间，正当西方国家倚强凌弱，强迫日本修订条约之时，以及《日本民法典》颁布之后的1899年，主要论述了现代化进程中“现阶段”的男女关系，从而对儒家思想进行了抨击。那么，彼时到底出了什么问题呢？

原来在明治维新后，日本男人的道德开始败坏，他们“就像在春天的田野里失控的马儿”。这与德川时代的情形不同，那时候即使男人可以娶妾，做人也是要循规蹈矩的。但福泽谕吉说现在已经完全改变了，“今天对男人的不端行为没有任何约束，他们拒绝听从父母婚姻方面的意见，甚至休掉妻子，另结新欢。”尤其是官员们的行为令人不齿，他们厚颜无耻地带上娼妓，甚至和她们结婚。这不是文明人的所为。他甚至说，德川幕府强制推行的儒家道德标准有益于规范男人。

福泽谕吉担心当前的状况是因为这样可能会影响到不平等条约的重新修订。西方国家实行一夫一妻的婚姻制度，要是他们知道日本的现状会怎么想？他们就不会认为日本是一个文明国家，那么条约的修改就不可能顺利。福泽谕吉希望男人们行为举止规范些，至少表面上不要那么败坏。他非常清楚，在西方国家人民也有不端，不过他们试图掩盖那些行为，所以他建议日本男人就照样做，这也许不是最好的方法，但毕竟是争取成为现代文明国家的“权宜之计”。

而在日本女性方面，即使以西方文明的标准衡量，也堪称有德。她们的问题是缺乏社会和政治上的权利与责任。他主张女性从一开始就接受和男性一样平等的教育，并应该拥有自己的财产。他认为妇女将通过履行所赋权利而担负起自己的职责；西方妇女从事各方面的工作，但对日本妇女而言为时尚早，她们会随着环境的改变而逐渐改变。看得出，在社会地位上，他把日本妇女等同于西方妇女，并希望她们在国家现代化的同时，一如以往，发挥家庭管理方面的作用。

1894 年，已被西方半殖民化的中国，这个曾经伟大的文明国度，在甲午战争中被日本击败，福泽谕吉也许因此减轻了他对国家前途的担忧。

福泽谕吉最后关于家庭和妇女的著述写于 1899 年。其时日本与西方国家顺利修改了以往的不平等条约，而前一年则颁布了《日本民法典》。该法典对福泽来说是“一个重大的改变”，是“人民思想观念的革命”，他所编辑的报纸连载了民法典的章节，并向读者一一解释。他认为民法典为男女平等提供了牢固的基础，这是文明的进步。依据具体的法律，而非统治者的道德准则来治国的时代已经到来，并由此建立起如同西方国家一样的社会关系。那是他的理解。他很高兴，在自己的老年余生，能看到日本依法治国，达到与西方国家同等的文明。

7. 结论

回顾历史，社会上发生了许多重大变革，明治维新是其中之一，社会结构因此发生了剧烈变化，但人们的生活依然继续，在生活的各方面作出改变，摒弃一切旧有事物是不可能的。福泽谕吉对此十分清楚，认为这不可能也不必要。他在研读西方社会学理论的时候采取了类似的态度，他通过儒学的思维框架来理解西方的文明史理论。他着眼于高远，一直以理想中的文明来比照日本的现实。他努力寻找获得西方文明精神的途径，同时保持日本既有的道德纲常。他在这两条道路之间来回摇摆，如有必要，他也会变得非常现实。

尽管西方文明并非完美，但只要能维持日本的独立，福泽谕吉仍努力以西方文明为目标。在福泽谕吉的思想中，日本的家庭关系不必改变，但在这一层以外，在经济和政治的范畴，日本应如西方一样奉行资本主义和自由主义。日本人民自明治维新后模仿西方的社会体制，但在亲密的人际关系上没有太多改变，所以我们的社会一直以来呈现出双层结构——外部是西方的，但内部是日本的。这种双层结构，以不同的组合形式，存在于日本社会生活的方方面面。也许这就是当外国人想了解日本人民及社会的时候感到困惑的地方，但日本就是这样，更多地在社会关系的外层，接受了西方的影响。

福泽谕吉的思想可以说是日本、中国和西方三种文明的混合体，生活在现代世界的我们，可能已遗忘了当中的细微之处，但也可以重新发现。就家庭伦理的思想而言，我在此提出两个要点。首先，对西方来说，我们其实有可选择的男女关系。福泽谕吉论述了男女作为独立个体彼此尊重的合作关系，即作为“万物之灵”的互敬互爱；他认为家庭是第一层社会关系，所以即使在家庭里，人也要以独立个体建立彼此间的关系，这和男女作为彼此的“另一半”，两者通过“罗曼蒂克之爱”合二为一的西方思想不同。其次，他的论述包括了与弱势群体的关系。假如我们视个人的理性和独立为当然，那就很难关注到社会其实也存在非理性的或不能独立的人。他认为与弱势人群的关系不同于独立个体之间的关系，这对于重建包括老、幼、贫、弱的社会，也非常富有启发性。

最后特别提一提，引进其他文明的成果并应用于既有的文明，福泽谕吉可说是典范。我们现在生活在一个所谓“文明的冲突”[1]的世界，所以我想，像日本做到的那样，探索如何接纳和移植其他文明果实的可行之道，才是更为重要的。

参考书目

Yukichi Fukuzawa, An Outline of a Theory of Civilization, tr. David A. Dilworth and G. Cameron Hurst, Tokyo, 1973.

Yukichi Fukuzawa, Fukuzawa Yukichi on Japanese Women, ed. Eiichi Kiyooka, Tokyo,1988.

Carmen Blacker, The Japanese Enlightenment, C.U.P., 1964.

1 译注：这是美国保守派政治学家塞缪尔·菲利普斯·亨廷顿（Samuel Phillips Huntington，1927—2008）在 1993 年提出的观点。

译后记

1868 年的明治维新促成了日本的现代化，其中杰出人物众多，福泽谕吉被誉为“启蒙大师”，所以我对他一直抱有好奇心。关于福泽谕吉的研究，日语、英语的著述不少，我非常荣幸，得了机会，能够翻译麦克法兰的著作，不但能满足好奇心，而且也可以从西方学者的角度，了解到对明治维新的另一种解读。

初看原著，才 100 页不到，于是夸下海口：20 天即可完成任务。这可真是未经充分考虑的事情。可“就是充分考虑过的事，一旦付诸实施，还是会感觉考虑不够的”。富兰克林的这句话，福泽谕吉在他的《劝学篇》中也引用了，称为“至理名言”，接着他就举例，说“向裁缝定做衣服，十之八九总是误期的”。的确，我这个“裁缝”虽然没有误期，但好多个“20 天”过去了，我还在“艰难跋涉”中。

“著译者在分析原著的文法和理解文意上虽感容易，但求得切当的译词则感为难，学者的苦衷就在这里。”《福泽谕吉全集绪言》(马斌译，商务印书馆，1980年版)中所说的苦衷，也是我所经历的。我成了一个翻书党，首先看福泽谕吉的自传故事就看了四个版本，日文、英文的版本也对照着看，他的《劝学篇》(群力译，东尔校，商务印书馆，1984年版)和《文明论概略》(北京编译社译，商务印书馆，1982年版)当然是绝不能放过的，像"天不生人上之人，也不生人下之人""文明的外形易取而文明的精神难求"等等句子或相关段落，几乎熟读成诵，就是为求一解上述苦衷。

因为麦克法兰这一本著作的东西方文化比较意义非常明显，所以翻译过程中，除了福泽谕吉的著作，还参阅了很多西方启蒙思想家的理论以及中国的儒家经典。这也是本书值得一读的原因。

作者将福泽谕吉与孟德斯鸠、亚当·斯密、托克维尔并提。为求理论的广泛传播，他们在写作上都力求简洁明了，那么，我在文字处理上，也以他们为榜样。不过，简洁明了的写作是以对文字的精确理解为基础的，虽然福泽谕吉一再声称要摒弃汉学，但他在《福翁自传》中回忆少年求学期间，曾读过《左传》十一遍，他自己就是一个善用汉字的翻译家。

感谢翻译界的众多前辈，他们的译作或参考，或直接引用，使我不至于误期。

祝大家阅读愉快！

周坚

2017年12月25日

于深圳